Christoph Gassmann
Träume erinnern

Christoph Gassmann

Träume erinnern

Eine Gebrauchsanweisung

Walter Verlag

Die Deutsche Bibliothek – CIP-Einheitsaufnahme

Gassmann, Christoph:
Träume erinnern: eine Gebrauchsanweisung / Christoph Gassmann. – Düsseldorf: Walter, 2000
ISBN 3-530-30059-4

Umschlagbild: Max Ernst, Aquis submersus, 1919. Städtische Galerie am Städelschen Kunstinstitut, Frankfurt a. Main, Spies/Metken, Nr. 294
Umschlaggestaltung: GrafikDesign Reckels & Schneider – Reckels, Wiesbaden
Satz: Josefine Urban – KompetenzCenter, Düsseldorf
Druck und Bindung: Grafo s.a., E-Basauri
ISBN 3-530-30059-4

Inhaltsverzeichnis

Einführung

Der Elefant, der gestern im Traume Indien sah,
sprang aus der Fessel – wer hat ihn festgehalten?
Macht? Attar

In den Geschichten aus 1001 Nacht gibt es eine Erzählung vom armen Schuhmacher Maruf[1], den es in ein fremdes Land verschlagen hatte. In seiner schwierigen Situation stellte er sich in seinen Tagträumen immer wieder vor, eine sagenhafte, mit einer Menge Reichtümern beladene Karawane sei zu ihm aufgebrochen. Er erzählte den Leuten davon, die ihm teilweise glaubten, teilweise aber auch nicht ernst nahmen. Er steigerte sich so in die Vorstellung hinein und hielt sie für so wahr, daß sie schließlich tatsächlich Form annahm und die Karawane am Orte Marufs eintraf.

Diese Geschichte zeigt in märchenhaftem Gewand, wie die Früchte eines Lebens zuerst in den Vorstellungen, den Wünschen, den Befürchtungen und Glaubenssätzen eines Menschen gestaltet werden, bevor sie sich im Leben manifestieren. Sie zeigt, daß es darauf ankommt, was für Träume wir träumen, sowohl am Tag wie auch in der Nacht. Einige Träume sind wichtig und bedeutsam, andere sind weniger bemerkenswert. So kann es von großer Bedeutung sein, sich über seine Träume Rechenschaft abzulegen und mit ihnen sowohl bewußter als auch kreativer und freier umzugehen.

Träume haben mich durch mein ganzes Leben hindurch begleitet. Anfänglich habe ich sie nur wahrgenommen, wenn sie mich ängstigten oder ihre Inhalte so auffällig waren, daß ich unbewußt aufmerkte und sie darum besser erinnern konnte. Aus der Kindheit sind mir deshalb nur wenige, dafür bedeutsame Traumerinnerungen geblieben. Die früheste Erinnerung betrifft eine Traumserie, die mich als Knaben sehr erschreckt hatte, die aber schließlich ein gutes Ende nahm. Die Traumhandlung fand immer bei Freunden der Familie an einem kleinen Baggersee am Rande des Zürichsees statt. Ich war im Traum vielleicht etwa sechs bis acht Jahre alt und konnte noch nicht richtig schwimmen. Daher trug ich im Traum meist eine Schwimmweste.

Das große Problem im Traum war ein gewaltiger Riese, der am Ufer des Sees im Schilf schlief und den man nicht wecken sollte. Wenn ich baden ging und mich dem Schilf näherte, bekam ich Angst, ihn zu wecken. Er wachte dann häufig auf und erhob sich, wobei er mit Wasser um sich spritzte. Verängstigt rannte ich davon und erwachte.

Dieser Traum wiederholte sich im Laufe der Zeit, allerdings mit Variationen. Der Traum begann sich zu verändern und entwickelte sich zu folgendem Ereignis:

Sobald ich mich dem Seebecken näherte, wurde ich von einem starken Wasserstrahl getroffen, der von einem Turm herkam, der etwas weiter entfernt, am gegenüberliegenden Ufer stand. Er hatte eine hohe, silberne und hyperbelförmige Kuppel, etwa wie das spitzere Ende von einem Ei. Wiederum rannte ich in Angst davon und suchte Schutz.

Als nächstes entwickelte sich der Traum zu folgendem Bild:

Ich ging auf Erkundung in die Nähe des Turms. Der Weg war schlecht und ich mußte durchs hohe Gras und durchs Schilf. Ich fürchtete mich vor dem Wasserstrahl und prompt ergossen sich riesige Wassermengen über mich. Sie kamen aus großen Schleusen, die unter dem Dachrand rund um den Turm angebracht waren. Ich mußte mich zurückziehen. Der Traum entwickelte sich weiter: Wieder war ich auf Expedition um den Turm herum. Aber diesmal sah ich einen Mann, der oben aus dem Fenster hinaus schaute. Er hatte einen Hut auf, der dieselbe phallische Form hatte, wie der Turm. Wieder öffnete er die Schleusen und ließ Sturzfluten über mich herunterfallen, was mich zur Flucht zwang.

Die Serie endete mit diesem abschließenden Traum:

Der Mann mit dem Hut kam zu uns auf Besuch. Er schenkte mir »Doktorspielzeug« aus Plastik. Ich bemerkte darin vor allem ein Skalpell.

Damit war die Angst definitiv überwunden und kein Thema mehr. Die Traumserie hatte die Energie verloren, die ursprünglich aus der Angst und der Neugier, die mich antrieben, entstanden war. Als ich viel später diese Träume meinen Berufskollegen aus der Psychologie und meinem Analytiker erzählte, hielten sie ihn für einen Traum, der die Pubertät initiierte. Ich hingegen verband den Traum mit früheren Jahren, wofür die Schwimmweste ein Indiz war. Außerdem schien mir in diesem Traum die Angst des kleineren Kindes vor dem großen Wasser, vor dem die Erwachsenen eindringlich warnten, ein mit einer phallischen Symbolik verbundenes Motiv zu sein. Rückblickend würde ich beide Interpretationsmöglichkeiten annehmen, da sie beide Sinn machen und bei mir auf eine gewisse Resonanz stoßen. Man kann mit den Jungianern auf eine archetypische Qualität des Traumes hinweisen, in dem das Kind mit der elementaren Kraft des Wassers und der Fruchtbarkeit vorerst in angstbetonter und schließlich in konstruktiver Weise in Beziehung tritt. Die Serie zeigt, wie die Neugierde und das Interesse schließlich die Angst überwinden. Man könnte außerdem darauf anspielen, daß sich die mythische Qualität der Kraft zu Beginn langsam in eine menschliche Qualität verwandelt, die dann angstfrei angenommen werden kann. Man könnte sich fragen, ob hier neben dem Hinweis auf »Doktorspiele« auch das Thema der Berufsinteressen angesprochen wird – oder sollte man das Skalpell eher symbolisch als Sinnbild für den zerteilenden analytischen Verstand verstehen? Es handelte sich sicher um einen »großen Traum«, den ich nie mehr vergessen werde und der für mich als erster einer langen Serie von Träumen steht, die ich im Laufe meines bisherigen Lebens aufgeschrieben habe.

Die nächsten beiden Träume, an die ich mich erinnere, stammen aus meiner Adoleszenz. Der erste war wiederum ein »Angsttraum«:

Ich besuchte mit einem Schulkollegen eine psychiatrische Abteilung. Die Räume waren düster. Wir begegneten vielen geistig und körperlich verkrüppelten Menschen, die ich bedauerte, die mich in ihrer Fremdartigkeit aber auch ängstigten. Einige waren zudem sehr aggressiv, und ich war Zeuge einer Schlägerei, bei der sich die Krüppel gegenseitig mit ihren Krücken verdroschen. Mein Kollege und ich gingen weiter und kamen in ein Zimmer mit Gestellen, an denen in Alufolie verpackte Menschen hingen, denen die Gliedmaßen fehlten. Die Atmosphäre wurde immer bedrückender. Ich kam an einem Gestell vorbei, an dem nur noch ein in Alufolie verpackter Kopf hing, der mit Schläuchen, die in seinen abgeschnittenen Hals führten, am Leben gehalten wurde. Entsetzen und Panik machten sich langsam in mir breit. Als nächstes sah ich in einem kubischen kleinen Gestell ein Paar Füße, auf die ein Paar lebende und vibrierende Hände genäht worden waren. Bei der Ansicht dieser Geschöpfe wurde mir erklärt, es handle sich beim Kopf, wie auch bei den »Handfüßen« um Opfer schwerer Unfälle, deren restliche Körperteile nicht mehr zu gebrauchen waren, daher habe man die brauchbaren Teile am Leben erhalten. Das reichte mir, ich wachte auf.

Obwohl ich diesen Traum noch heute nicht ganz verstehe, so hat er durch seine Entsetzlichkeit in mir Fragen nach dem Wesen des Traumes eröffnet und mich eindringlich nach dem Sinn des Seelischen und des Lebens fragen lassen. Grundsätzliche Probleme der Ethik werden in diesem Traum aufgeworfen: Wo beginnt und endet ein lebenswertes Leben, wo sind die Grenzen des Machbaren? Wo verletzt der Zynismus der rationalen Einstellung die Ganzheit und den Sinn des Lebens? Das sind sicherlich Fragen, die nicht nur mich als Individuum betrafen. Dieser Traum dürfte wesentlich dazu beigetragen haben, meine Berufswünsche in Richtung Psychologie und Psychiatrie zu lenken. Innerhalb desselben Jahres hatte ich einen wesentlich erfreulicheren Traum:

Ich stand auf einem Hügel und sah eine unglaublich riesige Sonne aufgehen, die fast den ganzen Horizont ausfüllte. Ich sah gewaltige Protuberanzen, die von der Sonne weggeschleudert wurden. Das Schauspiel war aber nicht furchterregend, sondern es ging eine warme Geborgenheit und Gewaltlosigkeit von dieser Sonne aus. Ich fühlte mich sehr wohl und glücklich. Die Hügellandschaft vor mir lag noch im Schatten. Neben mir stand ein Schulkamerad, der für seine Angepaßtheit und mustergültigen Leistungen bekannt war. Ich wies ihn auf das Ereignis hin. Er lachte aber nur verständnislos und meinte, ich hätte wohl Meskalin zu mir genommen.

Zu jener Zeit, als ich im Gymnasium war, ging es mir psychisch nicht gut. Dieser Traum bewirkte, daß meine mutlose Stimmung während Tagen und Wochen wie weggeblasen war. Er hatte mich tief berührt, doch ich verstand ihn nicht. Er hatte nichts mit meinem Alltag zu tun und stand wie eine leuchtende Fackel im Dunkel meiner damaligen Zeit. Der Traum veranlaßte mich, eine Psychoanalyse zu beginnen, in der die Bearbeitung der Träume im Mittelpunkt stand. Obwohl mir diese in verschiedenen Bereichen half, mit dem Leben besser zurecht zu kommen, so wurde mein Traumverständnis nicht eigentlich erweitert. Der Sonnentraum wurde mir nie richtig gedeutet. Die beiden Analytiker wußten nicht recht, ob es sich dabei um die Ankündigung einer Psychose handeln könnte. Sie wollten seine grundsätzlich positive Bedeutung nicht erkennen oder bestätigen, was mich sehr enttäuschte, da ich von der Qualität und dem Inhalt des Traumes so ergriffen worden war. Wurde etwa schon im Traum darauf hingewiesen, ich würde mit diesem Traumerlebnis bei konventionell denkenden Menschen auf Unverständnis stoßen?
Meine eigentliche Arbeit mit Träumen begann erst zehn Jahre später, als ich im Laufe einer beruflichen Krise meine Orientierung verlor und mich entschloß, eine Neuorientierung nicht in der äußeren, sondern in der inneren Welt zu suchen. Ich begann mit Autogenem Training und eröffnete ein Traumtagebuch, wel-

ches ich bis heute mit unterschiedlicher Intensität weiterführe. Begleitend las ich viele Bücher zu diesem Thema und experimentierte mit außerkörperlichen Zuständen und luziden Träumen. Durch diese Arbeit mit den Träumen und durch die Lektüre wurde ich zu Fragen angeregt, die mich von der klassischen interpretativen Weise, wie sie vor allem in der Tiefenpsychologie angewandt wurde, wegführten. Ich erkannte die viel komplexere Natur des Traumes, und daß die Definitionen der offiziellen Psychologie bei weitem nicht genügen, diese zu erklären. Mir fiel die merkwürdig vielschichtige Natur des Traumes auf. Verschiedenste Erklärungen machten Sinn, ohne umfassende Gültigkeit beanspruchen zu können. Sie waren wie multidimensionale Spiegel, die jemandem, je nach Perspektive, ein Bild zuwarfen, das ihm entsprach und welches er als wahr annehmen konnte.

An diesem Punkt kann man nun einwenden, Träume seien nur Unfug, ein Abfallprodukt irgendeiner nächtlichen »Gehirnerholung«, oder aber man kann die Untauglichkeit des kausal und linear denkenden Verstandes erkennen, das Wesen des Traumes vollständig zu erfassen. Ich neige der zweiten Denkweise zu und muß der Gerechtigkeit halber anfügen, daß von der offiziellen Psychologie vor allem C. G. Jung die komplexe Natur der Träume am besten erkannte und auch teilweise mit arationalen Mitteln bearbeitete.[2] Obwohl er in seinen Schriften immer wieder Konzessionen an die offiziellen rationalen Wissenschaften machte, brachte er doch den Mut auf, mit bildnerischen Mitteln und gelenkten Tagträumen zu arbeiten, die er *aktive Imagination* nannte. Seine Biographie[3] hatte mich tief beeindruckt und vor allem darin bestärkt, auf eigene Faust mit Träumen zu arbeiten und den Mut aufzubringen, mit anerkannten Traditionen zu brechen.

Heute muß ich sagen, daß die eigenständige Arbeit mit Träumen mir deutlich mehr gebracht hat als damals, als ich die Träume brav zum Analytiker trug. Unbeantwortete Fragen sind wesentlich kreativer als von der offiziellen Fachwelt sanktionierte Antworten. Erstere sind vielleicht schwerer zu ertragen und unbefriedigender – ihre unerlöste Energie kann jedoch zu neuen Ufern und zu neuen Lösungsansätzen führen. Ich will dem Leser damit natürlich nicht abraten, Bücher zum Thema Traum zu lesen, sondern darauf hinweisen, daß bis heute keinesfalls eine endgültige Erklärung der Träume gefunden wurde, bestenfalls Teillösungen und Lösungsansätze, die als solche zu werten sind. Im Gegenteil würde ich Ihnen empfehlen, alles Erreichbare zu diesem Thema zu lesen und sich selbst ein Urteil zu bilden. Zu diesem Zweck dient auch das Literaturverzeichnis am Ende dieses Buches, das bei weitem nicht vollständig ist, jedoch eine Auswahl von Werken aufführt, die mich berührt haben und die ich in diesem Zusammenhang für interessant halte.

Dieses Buch soll als Anleitung dienen, wie Sie sich ohne die Autorität von Fachleuten Erkenntnisse zum Wesen Ihrer Träume, Ihrer Person und des Traumes im allgemeinen verschaffen können. Es handelt sich dabei um eine Art Rezeptsammlung, die beschreibt, wie man mit Träumen umgehen kann. Den Kuchen müssen Sie allerdings selber backen und essen. Der Geschmack und der Genuß variiert je nach Person und kann daher niemals in einem Rezept vermittelt werden. Dieses Buch geht von der Voraussetzung aus, daß Träume ein Produkt des Träumers sind. Daher ist es möglich, aufgrund der Träume auf die Person des Träumers und seinen Charakter zu schließen. Dabei umfaßt die Welt der Träume wesentlich mehr als den schlichten Alltag, mit dem wir uns so gerne identifizieren. Verunsicherungen und Unklarheiten, hervorgerufen durch ungewöhnliche Träume, sind daher nicht auszuschließen, sondern sogar empfehlenswert.

Da die Quelle des Traumes das Subjekt, der Träumer selbst ist, ist es praktisch unmöglich, einen objektiven Standpunkt zum Objekt Traum zu finden. Was in der Psychologie im allgemeinen

zutrifft, gilt auch für dieses Gebiet: Der Wahrnehmende gestaltet immer das Wahrgenommene aufgrund seiner Erfahrung, seiner Persönlichkeit, seiner Motive, seiner Situation und seines Umfeldes. Auf Träume trifft das insbesonders zu, da der Träumer die Träume nicht nur wahrnimmt, sondern auch selbst gestaltet. Wegen dieser Subjektivität fehlt häufig die Distanz: es ist kaum möglich sich von seinen Träumen sowohl im positiven, wie auch im negativen Sinne nicht berühren zu lassen. Eine distanziertere Betrachtungsweise erhält man häufig erst, wenn der Traum nach ein paar Tagen oder Wochen »abgekühlt« ist.
Der Mangel an gültigen objektiven Kriterien macht dafür den Umgang mit den eigenen Träumen zum persönlichen Abenteuer, das in unentdeckte Ländereien führt, wo es bunte Vögel, aber auch tiefe Sümpfe zu erkunden gilt. Das Resultat sind Erfahrung und Sicherheit im Umgang mit Träumen sowie Erkenntnisse, die große subjektive Gültigkeit haben. Selbsterkenntnis und persönliche Sinnfindung scheinen mir die Früchte dieser Betätigung zu sein. Außerdem sind die Träume weder von großen Firmen gesponsert, noch von Hollywood inszeniert, von Nachrichtenredaktionen redigiert oder gar von Staaten zensiert. Das kann in der heutigen Zeit der undurchschaubaren Interessen- und Kräfteverhältnisse durchaus ein großer Vorteil, oder gar ein Akt der Emanzipation von allgemeinen Normen, vorfabrizierten Bildern und Gedankengängen sein, die wir sozusagen mit der Muttermilch aufgesogen haben und denen wir zunehmend durch die Medien ausgesetzt sind.
Neulich wurde im Fernsehen anläßlich der Weltumrundung durch Bertrand Picard im Ballon mehrfach betont, dies sei wohl das letzte mögliche Abenteuer in dieser Welt gewesen. Das mag auf unsere ausgeprägt materialistische Kultur zutreffen, die sich mit großer Intensität auf die Manipulation der Materie spezialisiert hat. Ich möchte aber unterstreichen, daß in unserem Innern

ein ganzes Universum, möglicherweise sogar mehrere Universen darauf warten, entdeckt zu werden. Freud, Jung und andere haben keineswegs das letzte Wort in bezug auf die Träume gesprochen. Gerade diese Traumuniversen bieten sich an, nicht nur von Spezialisten erforscht zu werden, da es dazu kein Laboratorium, kein Universitätsstudium und auch keine Druckkabine braucht. Ein Bett und ein Notizblock genügen, um zu ganz unerhörten Abenteuern aufzubrechen, in fremdartige Welten zu segeln und vor eigenartigen Küsten zu rudern.

Aus eigener Erfahrung glaube ich, das Thema Träume sollte ein längerfristiges Unternehmen sein. Tiefere und umfassendere Einsichten und Erfahrungen dürften innerhalb kurzer Zeit kaum möglich sein. Ich habe, abgesehen von meiner eigenen vierjährigen Psychoanalyse, seit gut 15 Jahren mit unterschiedlicher Intensität mit meinen Träumen gearbeitet und damit mehrere Traumjournale gefüllt.

Zum Schluß möchte ich noch einige Hinweise zum Gebrauch dieses Buches geben. Lesen Sie es zuerst durch, um Ihre Neugierde zu stillen und sich einen Überblick zu verschaffen. Die im Inhaltsverzeichnis angeführte Reihenfolge der vier Buchteile ist beabsichtigt. Wenn Sie mit diesem Buch arbeiten wollen, empfehle ich, zuerst die Hinweise im ersten Teil soweit zu befolgen, bis Sie eine gewisse Sicherheit und Routine in diesen Arbeitstechniken erlangt haben. Es geht auch darum, einen kleinen Vorrat an Träumen anzulegen, um eine erste Bestandsaufnahme machen zu können und Gruppen von ähnlichen oder verwandten Traumthemen zu bilden. Erst dann würde ich zu den Arbeitstechniken von Teil 2 übergehen, da es meiner Meinung nach von Vorteil ist, wenn Sie sich einen Überblick über die Fakten verschaffen, bevor Sie beginnen, die Träume kreativ zu verändern und zu manipulieren. Haben Sie Erfahrung mit den kreativen Techniken, können Sie zum Thema der luziden Träume weitergehen. Das Wissen, wie Sie befriedigende und sinnvolle Resultate erzielen können, hilft Ihnen beim vollbewußten Umgang mit Figuren und Ereignissen im Klartraum. Den philosophischen Teil können Sie wiederum nur mit persönlichem Erleben füllen und nachvollziehen, wenn Sie genügend eigene Erfahrungen haben, sonst bleibt die Philosophie eine unverbindliche Gedankenspielerei. Die Kunst des Träumens erscheint generell als ein Betätigungsfeld für praktische Philosophen, da die Fragen über das Sein, das Bewußtsein, die Wahrnehmung und die Realität auf konkrete Weise aufgeworfen werden. Wenn Sie das Buch durchgearbeitet haben, können Sie natürlich die anfänglich erworbenen Techniken weiter verwenden – sie sind durchaus nicht entbehrlich geworden.

Wir alle träumen – das konnte wissenschaftlich nachgewiesen werden. Aber wir gebrauchen diese Fähigkeit nicht oder nur sehr rudimentär. Sie läuft autonom sowie naturgegeben ab und bleibt häufig unbewußt. Hände, Beine, den ganzen Körper benutzen wir in unserer materiellen Zivilisation ausgiebig und teilweise mit großer Differenziertheit, z. B. in den Künsten und im Sport, aber auch am Arbeitsplatz. Warum also nicht unsere grundlegende Fähigkeit des Träumens kultivieren, eine Kunst des Träumens schaffen? In anderen Kulturen wie dem Schamanismus[4] der Naturreligionen, dem tibetischen Buddhismus[5] und dem Nagualismus[6] Zentralamerikas wurde und wird das ausgiebig getan.

Dieses Buch verfolgt keinen psychotherapeutischen Ansatz, es soll Hinweise und Anregung geben, um das bisher brachliegende Traumleben wahrzunehmen, zu kultivieren und zu verfeinern. Es ist mein Wunsch, daß das Interesse an Träumen in wesentlich breiteren Bevölkerungskreisen verankert wird und nicht nur ein Thema für Spezialisten, Forscher und Therapeuten ist. Die Arbeit an Träumen bietet sich als allgemeines Hobby und als Kunstfertigkeit an, die sich zu einer Erforschung der Innenwelt ausweiten kann.

Teil 1: Die Erfassung des Traumes

Nichts was in der Welt existiert, ist außerhalb von Dir.
Suche in Dir selbst alles, was Du sein willst. Rumi

Das Traumjournal

Der erste Schritt zur Arbeit mit Träumen ist die Anschaffung eines persönlich ansprechenden Traumtagebuches. Es kann sich dabei um ein gebundenes Buch oder um einen Ringordner in geeigneter Größe handeln. Es soll auf dem Nachttisch Platz haben. Lose Blätter und Notizblöcke eignen sich weniger zum Archivieren, sie haben allenfalls eine Funktion, wenn man sie für erste Notizen gebraucht, die später ins Reine geschrieben werden. Für diejenigen, die zu Träumen zeichnen oder malen wollen, ist ein nicht allzu kleines Journalformat und eine entsprechende Papierqualität zu empfehlen. Als Alternative gibt es auch Computerprogramme, die denselben Zweck erfüllen. Diese weisen als Vorteil eine schnelle Suchfunktion auf, mit der man nach Stichwörtern und Themen suchen kann, wenn das Tagebuch schon etwas umfangreicher geworden ist. Wer einen Internetanschluß hat, kann ein gutes elektronisches Traumjournal bei Mythwell[7] beziehen. Es heißt *Alchera* und ist für Windows 95 erhältlich.
Mein erstes Traumjournal hatte ich, lange bevor ich Träume aufzuschreiben begann, in einer Papeterie gekauft. Der verblüffende Effekt eines leeren Buches hatte mich angezogen, ohne daß ich wußte, was ich damit anfangen sollte. Es lag dann etwa zwei Jahre in meinem Bücherregal herum, bis mir die Idee des Traumjournals kam und ich froh war, ein leeres Buch schon zur Verfügung

zu haben. Ich schrieb direkt hinein und illustrierte einige eindrückliche Traumsequenzen mit Aquarellfarben. Da ich gelegentlich nachts die Träume ohne Licht und im Bett liegend notierte und da ich kein guter Zeichner und Maler war, sah das Ergebnis vom ästhetischen Standpunkt her gesehen nicht gerade anziehend aus. Allerdings hatte es für mich eine große Bedeutung und eine inspirierende Ausstrahlung. Es animierte mich unter anderem auch, einige Zeichenkurse zu besuchen, die meine bildnerischen Fähigkeiten deutlich verbesserten. Als mein Traumtagebuch schon auf einige Bände angeschwollen war, begann ich ein zusätzliches Buch zu führen, in dem die mir wichtigsten und bedeutsamsten Träume verzeichnet wurden. Außerdem diktierte ich ein paar Jahre lang die Träume in ein Diktiergerät und übertrug sie später ins Journal. Es war für mich jedesmal verblüffend, meine nächtliche und verträumte Stimme zu hören, die eine ganz andere Ausstrahlung hatte als meine Tagesstimme. Heute benutze ich einen »Manager-Gameboy«, einen »Palm Pilot« mit einem beleuchteten Display. Er hat den Vorteil, daß ich damit meine Frau nicht in ihrer Nachtruhe störe und den Traum nicht zweimal schreiben muß, da ich ihn elektronisch auf meinen Computer übertragen kann.

Vor ein paar Jahren begann ich, alle Träume auf den Computer zu übertragen und bin jetzt noch an dieser Arbeit. Es ist für mich beeindruckend, daß diese Tätigkeit keineswegs nur eine mechanische und aufwendige Archivierungstätigkeit ist, sondern daß ich in die seelische Atmosphäre meiner früheren Jahre eintauche und erlebe, wie die Träume, aus der Distanz von 10–15 Jahren gesehen, einen recht ungeschminkten und keineswegs stark verschlüsselten Bericht über meinen damaligen inneren Zustand und meine Interessen abgeben. Dieser Effekt ist wesentlich stärker und informativer, als wenn ich ein altes Photoalbum betrachte, da ich mich nicht an die Äußerlichkeiten, sondern an die innere Befindlichkeit erinnere. Außerdem zeigt sich mir ein ausgesprochener Reichtum des Traumlebens, das sich äußerst variantenreich ausdrückt, da es sich nicht an die Gesetzmäßigkeiten des Wachlebens halten muß.

Die kontinuierliche Aufmerksamkeit für Träume, wie sie ein Traumjournal anregt, löst meiner Meinung nach selbst einen wichtigen Prozeß aus, der als innere Entwicklung angesehen werden und recht autonom ablaufen kann. C. G. Jung hat diesen Vorgang *Individuationsprozeß*[8] genannt. Wie Llewellyn Vaughan-Lee[9] in seinem Buch ausführlich darstellt, wird ein solcher Vorgang auch durch meditative Praktiken angeregt, die ebenfalls die Energie der Aufmerksamkeit nach innen lenken. Natürlich ist es möglich, mit diesem Prozeß in eine bewußte Interaktion zu treten. Dieses Buch gibt Anleitung zu einer solchen bewußten Auseinandersetzung. Ich begann Anfang April 82 regelmäßig meine Träume aufzuschreiben und hatte Ende Mai den folgenden Traum, der mir den Beginn dieses inneren Prozesses andeutete. Wie schon erwähnt, befand ich mich beruflich und persönlich in einer Sackgasse, ich wußte nicht weiter und versuchte, Wegweiser nicht im Äußeren, sondern im Inneren zu finden.

Ich war seit langem im Spital als chronisch Kranker. Ich hatte ins Bett uriniert und da die Matratze aus Gummi war, floß der Urin nicht ab. Ich lag im eigenen Urin. Plötzlich brachen die Fenster nach innen ein. Ein numinoser und starker Windstoß erfüllte das Zimmer – ich erschrak. Mein Bett begann sich selbständig zu machen, ein Teil nach dem anderen wurde durch einen starken Sog aus dem Fenster gezogen, sogar die Matratze flog hinaus. Bald kam ich dran. Tatsächlich zog es mich aus dem Fenster im ersten Stock, ich hatte schreckliche Angst. Ich kam unten jedoch heil an, war frei und nicht mehr krank, wer hätte das gedacht! Die Ärzte hätten mich nie regulär entlassen. Ich war nackt und mußte das ändern. Vor dem Spital stand ein Mädchen an eine Mauer gelehnt. Ich bat sie um eine Zigarette. Sie sah, ich war nackt und bot mir an, Kleider zu holen, oder welche auf meinen Körper aufzumalen, was mich etwas belustigte. Es war schön, jemanden zu haben, der mir helfen wollte.

Es muß vielleicht hier angefügt werden, daß ich schon mehrere Jahre in Psychiatrischen Kliniken in verschiedenen Funktionen vom Hilfspfleger bis zum Psychologen gearbeitet hatte und die Verhältnisse dort gut kannte. Der Traum zeigt deutlich, meine Befreiung aus meiner mißlichen, hoffnungslosen und recht drastischen Lage wurde weder durch meine Bemühungen, noch durch die Entscheide anderer Autoritäten bewerkstelligt, sondern durch diesen geheimnisvollen und kräftigen Wind, der wohl von außen, aber nicht von einem lokalisierbaren Ort her kam. Des weiteren möchte ich auf den großen Stimmungsunterschied zwischen Anfang und Schluß des Traumes hinweisen: Am Anfang die Agonie und Einsamkeit, am Ende die lockere und fröhliche Stimmung. Dieser Traum, den ich damals noch nicht so gut verstand wie heute, war für mich eine große Unterstützung und Hoffnung. Obwohl ich immer noch nicht wußte, wohin mein Lebensweg führen sollte, so spürte ich doch intuitiv, ich war auf dem richtigen Weg.

Die Steigerung der Traumerinnerung

Viele Menschen erinnern sich selten an Träume – wenn doch, dann sind es meistens Träume, die ihre Aufmerksamkeit auf sich ziehen, weil sie eigenartig oder von starken Gefühlen begleitet sind. Daneben gibt es natürlich auch viele Träume, die unauffälliger sind und deswegen meist leicht vergessen werden. Ich bin von Natur aus ein schlechter Traumerinnerer. Wende ich mich nicht aktiv und bewußt meinem Traumleben zu, so erinnere ich sehr wenig Träume, lediglich einige pro Jahr. Würde ich diese nicht aufschreiben, so wären auch sie für das Bewußtsein und die Erinnerung verloren. Läßt man die Träume in diesem Zustand, so haben sie für das bewußte Leben kaum eine Bedeutung. Man erlebt sie als eine Nebenwirkung des Lebens. Erst die bewußte Zuwendung bewirkt, daß der Traum zu einer gültigen Erfahrung wird. Im Laufe der 15 Jahre, in denen ich meine Träume aufschreibe, gab es große Schwankungen bezüglich der Intensität der Traumerinnerung. In einem Jahr erinnerte ich nur zehn Träume, in einem anderen 350. Das hing davon ab, wie stark ich mich dem Thema zuwandte. Es gab diesbezüglich äußerst produktive Monate, in denen ich mich an zwei bis fünf Träume pro Nacht erinnern konnte.

Wir träumen in der Nacht regelmäßig und häufig, das ist experimentell nachgewiesen worden.[10] Es gibt in der Nacht vier bis fünf Phasen, die zwischen zehn und 30 Minuten dauern und dem Wachzustand relativ nahe sind. Die Träume, die wir in diesen Phasen träumen, sind relativ bewußtseinsnah und leichter erinnerbar. In diesen Phasen ist die Bewegungsmuskulatur schlaff und kann nicht benutzt werden. Ausnahmen sind der Herzschlag, die Atmung und die Augen. Letztere bewegen sich während den Träumen auf unregelmäßige und ausgeprägte Weise, als würde der Träumer ein Ereignis mit seinen Augen aufmerksam verfolgen. Darum hat diese Schlafperiode den Namen REM-Phase (Rapid Eye Movements) erhalten. Wegen ihrer Nähe zum Wachzustand wird sie auch »paradoxer Schlaf« genannt. (Siehe Abbildung 1)

Auf der Abbildung der folgenden Seite wird dargestellt, wie die Schlaftiefe im Verlauf des Schlafes variiert. Am Anfang der Nacht sind die Tiefschlafphasen ausgeprägter, am Ende der Nacht die REM-Phasen. Das Hirn ist in diesen Phasen »recht wach«, obwohl einige Hirnregionen ausgeschaltet oder gedämpft werden, so daß die Bewegungsmuskulatur nicht gebraucht werden

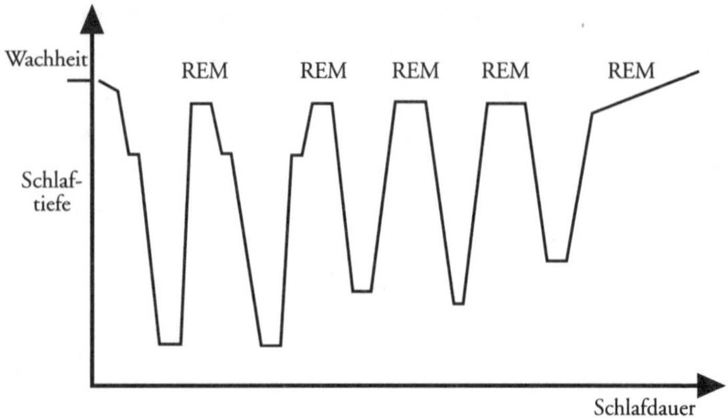

Abb. 1 Rem-Phasen

kann. Aber auch hier gibt es Ausnahmen. Die eine ist der Zustand des Nachtwandelns, indem der Träumer gemäß seines Traumes in der äußeren Welt handelt, was zu erheblichen Konfusionen führen kann. Die andere bezeichnet den Zustand, wenn der Schläfer während der REM-Phase aufwacht und realisiert, daß er sich nicht bewegen kann, was wohl medizinisch ungefährlich, aber unter Umständen erschreckend sein kann. Es gibt Zeiten, in der wir ein oder mehrere Male in der Nacht aufwachen, Durst haben oder auf die Toilette müssen, dies geschieht meist während oder nach einer REM-Phase. Oft wird der Schlaf am Morgen flacher, die Traumphasen können dann recht lang sein und mehrere Traumthemen beinhalten. Meist wachen wir am Morgen gerade nach einer Traumphase auf.

All diese Erklärungen sollen darauf hinweisen, wann Träume am ehesten erinnert werden können: beim nächtlichen Aufwachen und am Morgen. Damit das feine Gewebe der Traumerinnerung nicht zerstört wird, ist es wichtig, in der gleichen Stellung liegen zu bleiben und bewußt zu rekapitulieren, was vorher gerade geschehen ist. Bald kommen einige Gedanken oder Traumfetzen zum Vorschein, die gelegentlich zu einem ganzen Traum führen. Dabei ist zu beachten, bei der Rekapitulation nicht wieder einzuschlafen und unter Umständen am selben Traum weiterzuspinnen. Ist die Traumerinnerung einmal da, so muß sie sofort aufgeschrieben werden. Der Vorsatz, den Traum am folgenden Morgen noch zu erinnern, hilft meist nicht. Wenn der Traum nicht sofort notiert wird, ist er in der Regel vergessen.

Wenn wir in der Nacht aufwachen, ist es gewöhnlich üblich, sich kurz zu orientieren, wo wir sind, und uns dann überlegen, was zu tun ist, um den Schlaf fortzusetzen, sei es bloß sich umzudrehen, oder auf die Toilette oder in die Küche zu gehen. Wir lenken unsere Aufmerksamkeit also in die unmittelbare Zukunft. Um Träume zu erinnern, ist es notwendig, beim Erwachen die Aufmerksamkeit in die unmittelbare Vergangenheit zu richten und sich möglichst bewegungslos zu fragen, was unmittelbar vorher geschehen ist. Damit der Träumer sich auch daran erinnert, was er beim nächtlichen Aufwachen zu tun hat, sollte er sich diese Handlungsanweisungen am Abend vor dem Einschlafen suggerieren. Ein schlimmer »Traumzerstörer« ist der Wecker. Er lenkt am Morgen die Aufmerksamkeit vom feinen Traumgewebe, an dem der Träumer mit großer Wahrscheinlichkeit webt, schockartig und mit Getöse ab. Eine spätere Rückerinnerung an den Traum ist kaum mehr möglich.

Natürlich gibt es auch häufig Perioden, in denen die Nächte vom Schläfer durchgeschlafen werden. In diesen ist es nötig, sich willentlich vorzunehmen, in der Nacht nach einem Traum aufzuwachen. Dazu braucht es einen bewußten, festen und grundsätzlichen Entschluß. Abends muß der Träumer sich vor dem Einschlafen dieses Entschlusses vergewissern, ihn wiederholen und damit bekräftigen. Er tut dies am besten, indem er sich möglichst konkret vorstellt, wie er aufwacht, nachdem der Traum beendet ist, wie er liegenbleibt und den Traum erinnert; wie er schließlich

das Licht anzündet und zu seinem Schreibwerkzeug greift, um den Traum zu notieren. Dieses Verfahren muß während längerer Zeit jeden Abend angewandt werden, damit es seine Wirkung entfaltet.
Ich habe die Erfahrung gemacht, daß es einige Tage dauert, bis ich mich an Träume erinnere. Es ist so, als ob eine gewisse Trägheit überwunden werden muß. Kommt die Traumerinnerung einmal in Gang, so geht es für eine Weile fast von selbst. Erlischt allerdings das Interesse an den Träumen, so sinken diese bald ins Unbewußte zurück. Um sich wieder an die Träume zu erinnern, bedarf es erneut einer gewissen Anlaufzeit und einer konstanten Aufmerksamkeit, damit die Traumerinnerung wieder ins Rollen kommt. Ich würde Ihnen zu Beginn folgendes Vorgehen vorschlagen:

1) Kaufen Sie sich ein Traumtagebuch und legen Sie es auf den Nachttisch. Installieren Sie eine schwache Lichtquelle oder dämpfen Sie das Licht Ihrer Nachttischlampe, damit sie beim Notieren nicht gänzlich aufwachen und Ihren Schlafpartner nicht wecken. Der wird sich übrigens bald an Ihre nächtlichen Schreibzeiten gewöhnen und diese mit der Zeit gar nicht mehr wahrnehmen. Nehmen Sie sich bewußt vor, Ihre Aufmerksamkeit auf das Traumleben zu richten. Lesen Sie ein Buch über Träume – es inspiriert Sie und verstärkt somit Ihren Vorsatz.

2) Geben Sie sich jeden Abend vor dem Einschlafen die Autosuggestion, nach einem Traum aufzuwachen, den Traum zu erinnern und ihn schließlich aufzuschreiben. Nach der sprachlichen Suggestion stellen Sie sich das ganze Prozedere möglichst bildlich und realistisch vor: wie Sie aufwachen, sich erinnern, das Licht anzünden und den Traum notieren. Versuchen Sie mit der Vorstellung einzuschlafen, der Schlafzustand sei nicht ein bewußtloser Zustand, sondern eine andere Art von Bewußtsein. Schreiben

Sie am Anfang möglichst viele Träume pro Nacht auf, damit Sie die persönliche Erfahrung machen können, wie reichhaltig und vielseitig Ihr Traumleben ist und wie häufig und ausgiebig Sie träumen. Das ist eine Erfahrung, die wir in der Regel nicht haben. Um sich möglichst vieler Träume zu entsinnen, können Sie sich suggerieren, drei bis fünf Träume pro Nacht zu erinnern. Falls der letzte Traum vor dem Aufwachen erinnert werden soll, müssen Sie entweder ohne, oder fünf bis zehn Minuten vor dem Wecker aufwachen. Beides ist mit klaren Suggestionen am Vorabend möglich. Wenn Sie bis zur letzten Minute schlafen wollen, dann mit großer Eile aus dem Bett hasten und zur Arbeit eilen, haben Sie keine Chance, morgendliche Träume zu erinnern.

3) Wenn Sie nachts aufwachen, bleiben Sie liegen, wie Sie sind – erinnern Sie sich, was gerade vorher geschehen ist und notieren Sie sich das Ergebnis. Es ist wichtig, sich auch kleinste Bruchstücke von Träumen aufzuschreiben, die Ihnen als sinnlos und gering erscheinen. Mit der Übung verbessert sich das Traumerinnerungsvermögen und bald werden Sie einen halben Roman erinnern. Nachdem Sie sich den Traum notiert haben, suggerieren Sie sich vor dem Einschlafen gleich nochmals auf dieselbe Weise, nach dem nächsten Traum aufzuwachen und ihn zu notieren. Schlafen Sie wiederum im Bewußtsein ein, der Schlaf sei kein bewußtloser Zustand, sondern eine andere Art von Bewußtsein. Mehrmaliges nächtliches Erwachen, um sich Träume zu notieren, führt zu keinem Schlafmanko. Meistens schläft man nach den Notizen schnell wieder ein. Etwa sechs Stunden Schlaf pro Nacht genügen, um sich zu erholen. Schlafliebhaber, denen eine ausgedehnte und bewußtlose Ruhezeit wichtig ist, haben beim Erinnern von Träumen jedoch einen großen Nachteil.
Um Ihnen Mut zu machen, möchte ich Ihnen einige Traumfragmente von mir erzählen. Ich möchte Ihnen damit zeigen, daß ich

ebenfalls nicht nur Großartiges und Wichtiges träume, sondern viele kleine und unvollständige Träume notiert habe:

- Ich traf M. und ihre Freundin, die ihr sehr glich.
- Ich hatte starken Durst und trank alles Mögliche.
- Mir ging es nicht gut.
- Ich schaute jemandem intensiv ins Gesicht, der feurig rote Augen hatte.
- Ich war mit Leuten in einem Restaurant im Flughafen. Wir wurden jedoch stundenlang nicht bedient, weder im unteren Stock noch im oberen. Es war sehr ärgerlich. Andere Leute bekamen teilweise etwas, aber auch nicht alle. Es herrschte die reine Willkür.

Wenn sie solche kleinen Träume und Fragmente zurückweisen, so werden sie mit großer Wahrscheinlichkeit auch die großen Träume nicht erinnern. Mit solchen Traumfragmenten kann man übrigens recht gut arbeiten. Sie können sehr erhellend sein.
Wenn Sie schon etwas mehr Übung in der Traumerinnerung und in einigen Nächten mehrere Träume notiert haben, können Sie versuchen, Träume möglichst detailliert zu erinnern. Möglicherweise treffen Sie dann auf ein Phänomen, welches Ihnen Schwierigkeiten machen kann. Es gibt nämlich viele Träume, die keineswegs linear sind, sondern sich aus mehreren Handlungssträngen zusammensetzen, die teilweise parallel und scheinbar unabhängig verlaufen, sich überkreuzen und gegenseitig beeinflussen. Es ist ein Ding der Unmöglichkeit, solche Träume in einen korrekten Handlungsablauf zu bringen – oft bleibt ein unbefriedigendes Gefühl zurück. Versuchen Sie es trotzdem so gut es geht, teilen Sie die Handlungsstränge auf und notieren sie nacheinander. Im folgenden möchte ich Ihnen einen solchen Traum schildern:

Ich träumte gleichzeitig davon, in einer Kirche, auf einer Hochzeit und in einer Schule zu sein. Ich saß zuhinterst in der Kirche auf der Empore und war nicht recht am Geschehen interessiert. Ich war von meiner Schwester mitgenommen worden, die das Hochzeitspaar kannte. Außerdem war ich in einer Schule und dozierte vor einem Auditorium über ein bestimmtes Thema. Nachher wurde ich vom Schulleiter kritisiert, ich hätte beim Vortrag leichte Nebengeräusche gemacht, die ihn gestört hätten.

Nach dem Aufwachen, als ich den Traum erinnern wollte, war ich ziemlich verwirrt. Hatte ich nun von der Kirche oder von der Schule geträumt? Der Traum changierte ständig hin und her, schaute man ihn von der einen Seite an, handelte er in der Kirche, schaute man von der anderen Seite, so war ich in der Schule. Dieser Kippeffekt glich etwas den Bildchen, die wir auf unseren Bleistiftanspitzern in der Volksschule hatten, die sich bewegten, wenn man den Blickwinkel änderte. Ein ähnlicher Effekt entsteht bei den Hologrammen, die auf Kreditkarten und ähnlichen Zahlungsmitteln zu finden sind. Außerdem schienen mir die beiden Träume gleichwertig zu sein, als ob sie die beiden Seiten einer Münze seien. So dämmerte mir, daß es ein Doppeltraum war, der gleichzeitig stattgefunden hatte. Das Bindeglied beider Träume waren die großen Räume mit Publikum. Ich erlebte mich aber geradezu in entgegengesetzten Rollen, einerseits als recht unbeteiligten Mitläufer, andererseits als Dozenten, der die ganze Szenerie bestimmte. Je länger ich mich mit diesem Traum befaßte, desto mehr wurde mir klar, daß er die Thematik von Publikum und Führungsgestalt auf eine konkrete, aber mehrdimensionale Art und auf facettenreiche Weise darstellte.
Solche Träume können als Hinweis gelten, daß der Mensch das Potential zu geistigen Fähigkeiten hat, die weit über seine ihm jetzt bekannte lineare und kausal-logische Denkweise hinausgehen. So scheint es unter anderem möglich, die Aufmerksamkeit voll auf verschiedene Geschehnisse zu richten und gleichzeitig in verschiedenen Handlungssträngen zu agieren, ohne dadurch eine mentale Konfusion oder Identitätskrise auszulösen. Die Konfu-

sion entsteht erst dann, wenn wir solche Träume in unser eindimensionales Wachbewußtsein zu übersetzen versuchen, in dem wir solche Geschehnisse nicht verarbeiten können.
Eine andere Art von Traum hat nur kurze kausale Abfolgen, die assoziativ aneinander gereiht sind, wobei das Assoziationsmuster recht locker geknüpft sein kann. So kann eine Treppe, die Sie gerade hochgehen, zu einer Kaffeetasse werden, die Sie gerade trinken, ohne vom Traum-Ich als unpassend erkannt zu werden. An solchen gelegentlich humoristischen Themen und Szenenwechseln beißt sich das wache Ich gerne die Zähne aus. Als Denksport können Sie sich überlegen, wo zwischen den beiden unpassenden Elementen ein Zusammenhang besteht. So können die Treppe und die Kaffeetasse z. B. mit einer Erinnerung an eine Person verknüpft sein, die im Traum selbst aber keine Rolle spielt. Sigmund Freud hatte mit seiner »Verschiebung« und »Verdichtung« in der Traumarbeit und dem primärprozeßhaften Denken auf die oben angesprochene Problematik hingewiesen.[11] Dabei hatte er sie jedoch meiner Meinung nach nicht vollständig erklärt. Außerdem wertete er das primärprozeßhafte Denken ab, indem er ihm eine primitivere Organisationsstruktur zuordnete, die bei erwachsenen Menschen überwunden wäre und keine wesentliche Rolle mehr spielen sollte. Ich möchte jedoch ein Bild heranziehen, das eine andere Wertung beinhaltet. Das schlußfolgernde, rationale und sekundärprozeßhafte Denken gleicht einem Suchscheinwerfer in einem Theaterstück, der nur den Hauptdarsteller erhellt, während der Rest der Bühne dunkel bleibt. Dieses Licht ist geeignet, das Wesentliche vom Unwesentlichen zu trennen, es hat eine unterscheidende Funktion und führt zum Detail, zur Spezialisierung. Das traumhafte, mehrdimensionale und nach Freud primärprozeßhafte Denken entspricht in diesem Gleichnis einer voll beleuchteten Bühne, auf der die Haupthandlung, aber auch diverse Nebenhandlungen

gleichzeitig dargestellt werden. Dieses Licht hat eine integrierende Funktion und führt zur Synthese und Kreativität. Die größeren Zusammenhänge können nur in dieser Totalen erkannt werden.

Nun möchte ich noch das wichtige Thema der Hindernisse, die sich vor die Traumerinnerung stellen können, ansprechen. Es handelt sich dabei im wesentlichen um mentale Blockaden, die den Interessenten daran hindern, Träume zu erinnern. Eine banale aber wichtige Blockade ist die eigene Trägheit und Bequemlichkeit, beim Aufwachen nach dem Traum die Initiative zu ergreifen und den Traum aufzuschreiben. Es erscheint dann oft viel verlockender, sich umzudrehen und weiter zu schlafen. In diesem Fall gibt es nur eine Alternative, entweder den Schlaf fortsetzen oder die Träume ernst nehmen. Meist schlafen wir nachts sowieso zuviel. Häufig würden ca. sechs Stunden genügen. Ein Mehr an Schlaf führt nicht etwa zu mehr Wachheit und Frischheit, sondern zu Zerschlagenheit und Energielosigkeit.

Ein anderes Hindernis sind die Vorstellungen über Träume, die wir von unserer Umwelt aufgenommen haben. In unserer extrem extravertierten und materialistischen Welt wird wenig Wert auf den Traum gelegt. Er wird entweder als Phänomen nicht beachtet oder abgewertet. Wird in einer Runde über einen Traum gesprochen, so wird vor allem sein angeblich unsinniger Charakter oder bestenfalls seine humoristische Seite betont. In der Regel geht ein solches Gespräch nicht weiter auf den Traum ein. Wir sind durch kulturell bedingte Denkweisen geprägt, die wir alle mehr oder weniger durch die Muttermilch aufgenommen haben. Diese lauten: Der Traum ist unbedeutend, konfus und nebensächlich. Es lohnt sich nicht, Zeit damit zu verschwenden. Außerdem weist der Traum für eine solche Überzeugung keine unmittelbar einleuchtenden Vorteile auf. Man kann damit kein Geld verdienen, kann ihn nicht essen, gewinnt weder Ansehen noch eine berufliche Beförderung. Man kann ihn also nicht gebrauchen. Das Sprichwort »Träume sind Schäume« ist jedermann bekannt. In unserer Sprache hat das Wort »Traum« zudem die Bedeutung von Wunschträumen und von Illusionen. Wir träumen von etwas, das wir nur wünschen und möglicherweise nie erreichen werden. Insofern hat der Traum nichts mit Realität und Fakten zu tun. Im Gegenteil: Die Bedeutung des Wortes Traum steht im direkten Gegensatz zu Realitätsprinzip und Nüchternheit, die in unserer Kultur so hoch geschätzt werden.

Ein weiterer Grund, sich nicht an die eigenen Träume zu erinnern, sind die persönlichen Erfahrungen, die der Träumer früher mit diesen gesammelt hat. Wie ich bereits erwähnt habe, werden in der Regel vor allem die Träume erinnert, die mit einer heftigen Emotion verbunden sind oder eine besonders eigenartige Handlung vorweisen. So kann sich bei einzelnen Personen das Bild einprägen, daß Träume meist einen schrecklichen Inhalt haben – deshalb wollen sie nichts damit zu tun haben.

Es spielt eine weitere kulturelle Prägung mit, die die moderne Psychologie »verbrochen« hat. Seit Freud hat sich in der westlichen Kultur die Erklärung festgesetzt, die Träume seien ein Produkt des Unbewußten, welches sich wiederum aus zurückgewiesenen und primitiven seelischen Strebungen zusammensetzt, die man nicht wahrhaben sollte. Das Unbewußte wird also mehr oder weniger mit einem Abfallhaufen aus minderwertigem psychischen Zivilisationsmüll in Verbindung gebracht. Kein Wunder, daß man sich lieber nicht mit so etwas beschäftigen will. In eine ähnliche Richtung zielen gewisse kirchliche Meinungen, die Träume ganz selten mit göttlichen, aber häufig mit teuflischen Einflüsterungen in Verbindung bringen. Die behaviouristische Psychologie betrachtet die Traumtätigkeit als Nebenprodukt einer nächtlichen Erholungsphase des Gehirns, das am nächsten Tag wieder tüchtig funktionieren und nutzbringend eingesetzt

werden kann. Auch diese Einstellung verhindert eine sinnvolle Auseinandersetzung mit Träumen. Möglicherweise sind Spuren solcher Prägungen auch in Ihren Einstellungen zu finden.
Ich würde Ihnen als Trauminteressierten deshalb vorschlagen, sich erst einmal Rechenschaft über Ihre Einstellung und Ihr Wissen über Träume zu geben. Am besten geschieht dies in Form eines kleinen schriftlichen Essays. Schreiben Sie unbekümmert alles auf, was Sie zum Thema Träume wissen. In einem zweiten Schritt untersuchen Sie, inwiefern dieses Wissen der Traumerinnerung förderlich ist oder nicht. In einem dritten Schritt können Sie sich autosuggestive Sätze formulieren, die den negativen Glaubenssätzen entgegenwirken und dazu verhelfen, eine neue Einstellung zu den Träumen zu gewinnen. Geben Sie bewußt den Glauben an die negativen Einstellungen auf. Was Sie einmal erworben haben, können Sie auch wieder abstoßen. Wiederholen Sie abends vor dem Einschlafen die positiven Suggestionen für einige Wochen oder Monate, bis Sie merken, daß sie sich in Ihnen verankert haben.
Zum Schluß möchte ich noch einen Traum erzählen, der, meiner Meinung nach, weder die Abfallhaufen- noch die Gehirnerholungsthesen stützt und durch diese auch nicht befriedigend erklärt werden kann:

Ich war ein Maschinenmensch, eine Art Puppe und lebte für lange Zeit in einem Theater. Das heißt, wir waren eine eigene Rasse auf einem Planeten. Eines Tages kam eine andere Rasse von Menschen zu uns und bewohnte unsere Welt. Sie waren höher entwickelt als wir und standen sozial über uns.
Eine Frau dieser Gattung begann, mich in diesem Theater zu suchen. Ich hatte deswegen große Angst und versteckte mich vor ihr. Sie fand mich jedoch unter einem Haufen von Bettdecken, die in der Requisitenkammer am Boden ausgebreitet lagen. Sie war sehr herrisch, anderseits interessierte sie sich jedoch für meine Welt, die ihr fremd war und die ich ihr

nach und nach zeigte. Meine Welt hatte sehr viel mit Bewegung und Tanz zu tun. Ich tanzte mit ihr und zeigte ihr alles, was ich wußte und konnte. Ich zeigte ihr auch meine früheren Kleider, die alle Dienerkleider waren. Da unsere Rasse ein sehr hohes individuelles Alter von mehreren 100 oder 1 000 Jahren erreichte, war das älteste Kleidungsstück eine Art weiße Ziegenfelljacke aus der Urzeit. Ich verliebte mich in die Herrin und wollte sie küssen, was sie mir jedoch nicht erlaubte.
So ging es lange Zeit. Eines Tages war ich wie üblich zusammen mit den anderen Maschinenmenschen und tanzte mit ihnen eine eigenartige Art von Lichtreigen. Ich merkte jedoch, wie ich langsam erstarrte, wie ich alt geworden war und es meinem Ende zuging. Ich setzte mich hin und wartete auf meinen Tod. Da kam meine Herrin und setzte sich neben mich. Ich fragte sie, ob ich sie im Angesicht meines baldigen Endes diesmal küssen dürfe. Sie erlaubte es: nicht auf den Mund, aber den Arm durfte ich ihr küssen. Als ich das tat, bemerkte ich, daß sich ihr Arm starr anfühlte. Ich erkannte, daß sie sich durch ihr Interesse unserer Welt stark angenähert hatte und selber eine Art Maschinenpuppenmensch geworden war. Sie bestätigte mir diesen Sachverhalt. Sie wollte neben mir bleiben und mit mir sterben. So erstarrten wir langsam zusammen und lösten uns im Nichts auf, daß aus einem Gefühl von intensiver Süße bestand. Ich erwachte mit diesem durchdringenden Gefühl der umfassenden Süße und Seligkeit, das eine Weile spürbar blieb und erst einige Zeit später verblaßte.

Sag mir, wie Du Deine momentane Erfahrung erkennst.
A. H. Almaas

Die Traumobjektivierung

Zu Beginn ist es wichtig, den Traum intensiv in seinen verschiedenen Aspekten zu erfassen. Mit der Niederschrift oder der Traumerzählung bleibt der Träumer noch stark an der Oberfläche des Traumes. Die folgenden Techniken bieten ihm die Möglichkeit, sich in das Geschehen des Traumes zu vertiefen, ohne allzu manipulativ zu wirken. Es geht also vorerst darum zu »hören«, was der Traum ausdrücken könnte, ohne allzuviel zu interpretieren. Die Interpretation ist schon eine Art Uminterpretation – der Traum wird nicht mehr für das genommen, was er ist. Natürlich ist die Auslegung des Traumes wie auch der gestalterische und manipulative Umgang mit Träumen legitim. Aber es ist schade, vorschnell zu handeln oder verstehen zu wollen. Eine gute Erfassung der Ausgangssituation führt zu einem umsichtigeren Umgang mit den eigenen Träumen. Dabei kann eine sorgfältige Bestandsaufnahme zu neuen Erkenntnissen führen, die sonst übersehen würden. Erkenntnis wird nicht nur durch Interpretation und Schlußfolgerung gewonnen, sondern kann durch Wahrnehmung entstehen.

Meist hat der Träumer etwas Mühe, den Traum objektiv anzuschauen. Er war ja an der Traumhandlung direkt beteiligt und hat ihn aus seinem persönlichen Blickwinkel erlebt. Mehr Einsichten über den Traum kann man gewinnen, wenn der Traum jemandem erzählt wird, der die Geschehnisse mehr von außen betrachtet, mehr Distanz hat und daher einen anderen Standpunkt einnimmt. Ein weiterer Umstand, der mit derselben Problematik zusammenhängt, ist die Erkenntnis, daß ein Traum verständlicher wird, wenn er nicht mehr so »heiß« ist, das heißt, wenn er im Laufe der Tage abgekühlt und der Träumer sich weniger stark mit ihm identifiziert. Er hat dann die Möglichkeit, den Traum nüchterner zu betrachten. Die Traumobjektivierung nutzt den Wissensgewinn, der durch die innere Distanz zum Traum entsteht. Sie kann in folgende Abschnitte aufgeteilt werden:

1) Die erste Aufgabe ist, die Handlung zusammenfassend und in anderen Worten zu beschreiben. Dabei soll anstelle des »Ich« »der Träumer« oder das »Traum-Ich« verwendet werden. Die Hand-

lung soll in wenigen Sätzen zusammengefaßt werden, wobei auch Verallgemeinerungen gebraucht werden können. (Also nicht: Ich ergreife vor dem Einbrecher die Flucht, sondern: Der Träumer flieht vor der Gefahr.) C. G. Jung hat vorgeschlagen, den Traum wie ein Schauspiel mit verschiedenen Akten[12] anzusehen:

- Der erste Akt stellt die Ausgangslage dar: Welche Charaktere nehmen am Spiel teil, wo und zu welcher Zeit findet es statt.
- Der zweite Akt umreißt das Grundproblem, der Konflikt und die Spannung werden evtl. erkennbar.
- Der dritte Akt führt zu einer Akzentuierung und zum Höhepunkt der Handlung, in dem eine positive oder negative Veränderung eintritt.
- Der vierte Akt stellt den Endzustand des Spieles dar.

Diese Gliederung kann praktisch auf jeden Traum übertragen werden. Dabei stellt sich die Frage nach der Qualität dieser Akte und der chronologischen Reihenfolge der Geschehnisse. Im Traum können diese vier Akte natürlich wesentlich verkürzt sein und in wenigen Worten erwähnt werden. Der Stil der Zusammenfassung kann aber auch demjenigen gleichen, der von Journalisten in Kurzartikeln über Unfälle und Verbrechen verwendet wird: kurz und nüchtern – nur die wichtigsten Facts.

2) Die nächste Aufgabe ist es, dieser Kurzbeschreibung einen möglichst treffenden Titel zu geben, der sogleich die Überschrift des Traumes ist. Er kann nüchtern und objektiv sein. Wer Lust hat, kann sich aber auch eine Headline ausdenken, wie sie eine Boulevardzeitung setzen würde, was auch zusätzliche Hinweise zum Traum liefern kann.

3) Als letztes sollen einige Fragen zum Traum beantwortet werden:

- Welche Hauptsymbole sind vorhanden (Personen, Gegenstände, Tiere)?

- Welche Gefühle lösen die einzelnen Symbole aus, wie steht der Träumer gefühlsmäßig zu den einzelnen Symbolen?
- Welche Kräfte im Traum wirken gegeneinander, welche miteinander? Wo ist Konflikt, wo Harmonie? Wo gibt es Widersprüche?
- Ergeben sich Lösungen, oder nicht? Wenn ja, welche?
- Was tut das Traum-Ich, was unterläßt es? Was tun die anderen Traumfiguren, was tun sie nicht? (In der Überlegung, was nicht getan wurde, liegt einerseits die Erkenntnis ungenutzter Möglichkeiten, andererseits gewinnen die tatsächlich ausgeführten Handlungen an Gewicht, Kontur und Bedeutung.)

Ich möchte die Traumobjektivierung an einem meiner Träume darstellen:

Ich fuhr mit einem VW-Käfer an einer Küstenstraße entlang. Es war eine ganz bizarre und vielfarbige sommerliche Abendstimmung. Ich bremste, um ein Foto zu machen. Aber die Bremsen zogen nicht und das Auto wollte nicht anhalten. Ich ärgerte mich und fuhr zurück. Auf dem Rückweg fuhr ich auf einer Skipiste und fuhr fast einen Skifahrer um. Trotzdem brauste ich zurück. Ob die schöne Abendstimmung noch da war?

Titel: Gedankenloser Autofahrer rammt Skifahrer
In der Abenddämmerung überfuhr ein Autofahrer mit seinem VW-Käfer beinahe einen Skifahrer. Der Lenker, der offensichtlich sein Fahrzeug nicht ganz beherrschte, gab an, er hätte einen schönen Sonnenuntergang unbedingt fotografieren wollen.

1. Akt: Ich fahre mit dem VW auf der Küstenstraße
2. Akt: Ich erblicke den schönen Sonnenuntergang und will fotografieren.
3. Akt: Das Auto funktioniert nicht so, wie ich es will. Deshalb werde ich ärgerlich, emotional und etwas gedankenlos. Darum verletze ich fast jemanden.
4. Akt: Trotz Risiko führe ich mein Vorhaben aus, obwohl das Risiko besteht, daß ich keinen Erfolg habe.

Was die Hauptsymbole für mich bedeuten:

- VW-Käfer: Mein erstes Auto, jugendliche Freiheit
- Küstenstraße: kurvig und etwas gefährlich
- Schöne Sommerabendstimmung: ein erhebendes Gefühl, Einssein mit der Natur, Wärme.
- Skifahrer: ebenfalls Gefühl der Freiheit, gehört aber in einen andern Kontext und taucht deshalb völlig unerwartet auf. Kälte.

Wie wirken die Kräfte? Die Suche nach Harmonie führt zu unachtsamen Handeln und zu Konflikten. Meine Bedürfnisse harmonieren nicht mit denjenigen des Skifahrers. Das Ergebnis ist ungewiß. Es besteht generell ein Konflikt zwischen dem Warmen und dem Kalten. Führt der Ärger von der Sommerstimmung in den Winter?

Das Traum-Ich handelt unreflektiert und ärgerlich, weil die Dinge nicht so funktionieren wie erwartet. Es könnte auch wesentlich ruhiger handeln, entweder indem es seinen Wunsch aufgibt, da es sich der ungünstigen Situation gewahr wird, oder sich mehr Zeit gibt und die Priorität der sicheren Fahrt erkennt. Das Auto könnte wesentlich besser funktionieren, als es tatsächlich der Fall ist. Der Skifahrer gehört weder in den Sommer noch auf die Straße, auch er könnte achtsamer sein. Was tut er im Sommer, bzw. was sucht das Traum-Ich plötzlich im Winter auf der Piste?

Am Anfang des Kapitels habe ich erwähnt, daß es hilft, den Traum objektiver zu sehen, wenn man ihn jemandem erzählt, der eine größere Distanz zu den Geschehnissen hat. Das möchte ich hier noch etwas genauer ausführen. Wenn ich meiner Frau gelegentlich einen Traum von mir erzählte, kam es öfters zu Auseinandersetzungen und Disputen, weil meine Frau mich einerseits gut kannte, andererseits selber in unsere Beziehung verstrickt war und deshalb in ihrem Urteil nicht als außenstehend und objektiv betrachtet werden konnte. Dasselbe galt auch für mich – ich hatte zu wenig Distanz zu meiner Frau, um ihre Träume objektiv beurteilen zu können. Die Verquickung von Insiderwissen und persönlicher Nähe ist für eine nüchterne Erfassung der Träume nicht unbedingt förderlich. Dasselbe dürfte wohl auch für Eltern und Kinder gelten. Ich empfehle daher dem Leser, seinen nahen Angehörigen ein paar Träume zu erzählen, um zu testen, wie sie damit umgehen.

Wenn Sie jemanden ins Vertrauen ziehen wollen und ihm Ihre Träume erzählen, so suchen Sie jemanden aus, der nicht zu stark mit Ihnen persönlich liiert ist. Vielleicht ist es ein Freund oder eine Freundin, es kann aber auch eine Traumgruppe sein. Klassischerweise kann es natürlich auch ein Jungscher Analytiker oder Therapeut sein, wobei das teuer werden kann. Analytiker und Therapeuten Freudscher Prägung sind heutzutage weniger an Träumen interessiert. Außerdem sind Fachpersonen häufig mit der Sichtweise einer Schule identifiziert und haben deswegen schulspezifische Vorurteile. Auch werden Sie dabei vom Wissen und Können des Spezialisten abhängig. Die Intention dieses Buches ist aber, Ihre eigene Kompetenz im Umgang mit Träumen zu verbessern.

Ihr könnt wahrgenommene Ereignisse nicht verstehen, solange ihr nicht wißt, wer sie wahrnimmt. Seth

Die Traum-Ich-Beobachtung

Die Traum-Ich-Beobachtung ist eine Erweiterung der Traumobjektivierung – es geht hier darum, genauer zu erfassen, aufgrund welcher Voraussetzungen das Traum-Ich handelt. Strephon Kaplan hat diese Methode zuerst ausführlich beschrieben.[13] In der Regel unterscheidet sich unser Traum-Ich von unserem wachen

Ich, obwohl wir subjektiv beide sind und uns selbstverständlich mit dem einen wie mit dem anderen identifizieren. Das Traum-Ich befindet sich häufig in einem anderen Zustand, es ist weniger bewußt und überlegt als das wache Ich, es handelt spontaner und emotionaler, aber auch unüberlegter, sein Bewußtsein ist häufig weniger ausgeprägt. Wenn wir dies erkennen, bemerken wir unter Umständen, daß wir eigentlich auch tagsüber im sogenannten Wachbewußtsein häufig nicht sehr bewußt, sondern ziemlich automatisch handeln. Die Traum-Ich-Beobachtung hat dabei zum Ziel, die Bewußtheit des Ichs in beiden Zuständen zu heben.
Da die Bewußtheit des Traum-Ichs meist tiefer ist als die des wachen Ichs, drückt es in seiner Spontaneität manchmal Einstellungen, Wünsche und Bedürfnisse aus, die der Träumer im Alltag mehr oder weniger bewußt unterdrückt. Das Traum-Ich lebt das aus, was sich das wachbewußte Ich nicht erlaubt. Es gibt im Traum so etwas wie ein Probehandeln; Dinge werden auf sonst im Alltag unübliche Art und Weise gelöst. Dieses Probehandeln eröffnet auch für das wache Alltags-Ich neue Möglichkeiten. In bezug auf den Traum können folgende Fragen zum Traum-Ich beantwortet werden:

- Was tut das Traum-Ich, was tut es nicht. Ist es stark in die Handlung involviert oder nicht?
- Welche Situation des Traums löst die Handlungsweise des Traum-Ichs aus?
- Welche Gefühle hat das Traum-Ich, welche Glaubenssätze, welche Annahmen und welche Vorurteile?
- Setzt sich das Traum-Ich aktiv oder passiv mit der Situation auseinander? Warum?
- Reagiert das Traum-Ich bloß, oder setzt es sich bewußt und umsichtig mit der Situation auseinander?
- Was für eine Rolle spielt das Traum-Ich, welche Rolle wird ihm im Traum zugeschrieben? Mit wem oder was identifiziert sich das Traum-Ich?

- Reagiert der Träumer auch im Wachbewußtsein so, wenn ja, bei welchen Gelegenheiten, wenn nein, wie unterscheiden sich die beiden Handlungsweisen?

Die nachfolgenden Listen von S. Kaplan[14], die von mir modifiziert und ergänzt wurden, sind als Anregung gedacht. Sie ziehen am meisten Nutzen daraus, wenn Sie eigene Listen erstellen, die Ihre persönlichen Einstellungen und Gefühlslagen widerspiegeln. Es kann sich daher lohnen, wenn Sie mehrere Stunden Arbeit dafür verwenden, Ihre eigenen hauptsächlichen Stimmungslagen, Gefühlsreaktionen, Glaubenssätze und Motive zu entdecken und von Zeit zu Zeit ergänzen. Ihre Handlungsweisen am Tag und im Traum können Ihnen dazu viele Hinweise liefern. Gehen Sie für's erste diese Liste durch und prüfen, welche Aussagen bei Ihnen zutreffen oder teilweise zutreffen. Schreiben Sie eigene Glaubenssätze und Verhaltensregeln auf, die Ihnen dabei neu in den Sinn kommen. Versuchen Sie dann die Gefühlslage des Traum-Ichs und der anderen Traumpersonen zu benennen. Häufig wird die Gefühlsqualität zu wenig erkannt, da der Träumer zu stark auf die Bild- und Handlungsebene des Traumes achtet. Auf die konkrete Fragestellung hin lassen sich aber meist Gefühlstönungen finden, die nicht ausgeprägt sein müssen, die aber trotzdem zur Erklärung der Handlungsmotive bedeutsam sind.

Liste möglicher Gefühle

- Schüchternheit, Unsicherheit, Verwirrung
- Ärger, Wut, Haß, Rache, Abneigung, Beleidigtsein, Kälte
- Offenheit, Akzeptanz, Zuneigung
- Fürsorglichkeit, Liebe, Wärme, Erotik, Sex
- Angst, Panik, Entsetzen, Schrecken
- Scham, schlechtes Gewissen, Besorgtsein
- Betroffenheit, Ehrfurcht

- Enthusiasmus, Freude, Glück, Vergnügen, Wohlbehagen, Ausgelassenheit
- Traurigkeit, Frustration, Verzweiflung, Verletztsein, Verlorensein, Leiden, Mutlosigkeit, Verbitterung
- Inspiration, Kreativität, Vitalität
- Gleichgültigkeit, Langeweile, Leere, Sinnlosigkeit

Einstellungen und Glaubenssätze des Traum-Ichs

- Ich muß das Gefühl haben, verstanden und geliebt zu werden, um mich einem anderen Menschen hingeben zu können.
- So wie ich bin, bin ich nicht in Ordnung. Ich muß immer noch besser sein, als ich es jetzt bin.
- Ich bin nicht fähig, negativer Einflüsse Herr zu werden.
- Man kann da nichts machen.
- Ich kann alles alleine erledigen.
- Mir ist nicht mehr zu helfen, ich bin am Ende.
- Die Schuld liegt immer bei den Umständen.
- Ich bin nicht auf die Hilfe anderer angewiesen.
- Ich muß emotional reagieren, damit man mich bemerkt.
- Ich weiß, was für mich am besten ist, ich lasse mir nicht dreinreden.
- Ich muß Gutes tun, damit mich die andern mögen.
- Ich muß mich beliebt machen, indem ich mich verhalte, wie es die andern wünschen.
- Ich muß mich mit dem zufrieden geben, was ich habe, sonst kriege ich gar nichts.
- Ich bin auf andere angewiesen, um mich selber finden zu können.
- Wenn ich mich selbst behaupte, dann werde ich bestraft und abgelehnt.
- Wenn ich das aufgebe, dann ist das ein Verlust.
- Ich muß nur den Kopf einziehen, dann verschwinden die Probleme.
- Damit meine Wünsche und Bedürfnisse erfüllt werden, muß ich andere ausstechen und übertrumpfen.

- Es ist besser, Schwierigkeiten und Gefahren auszuweichen, als sich ihnen zu stellen. Letzteres führt nur zu Scherereien.
- Statt Wagnisse einzugehen, gehe ich lieber auf Nummer sicher.
- Was mir Gewinn, Zufriedenheit und Befriedigung bringt, ist gut für mich.
- Das Leben macht mich kaputt, wenn ich nicht alles so gut wie möglich kontrolliere.
- Keiner kann es besser als ich.
- Mir kann niemand helfen.
- Niemand kann mich überreden, wenn ich nicht will.
- Niemand erkennt meinen wahren Wert.
- Niemand versteht mich, wie ich wirklich bin.
- Ich werde immer von Menschen enttäuscht, auf die ich mich verlasse.
- Wenn ich mich andern Menschen öffne, so enttäuschen sie mich oder nutzen mich aus.
- Irgend ein anderer sahnt immer das Beste ab.
- Wenn ich mich vor etwas fürchte, so kann ich nur davonlaufen.
- Man muß die Leute hinter's Licht führen, um seine Wünsche zu erfüllen.
- Alles hört hier auf mein Kommando.
- Ich kann ja doch nichts tun.
- Ich muß alles alleine tun.
- Alle haben es auf mich abgesehen.
- Man muß alles im Leben selber in die Hand nehmen, sonst läuft es schief.
- Ich muß selbst für mein Auskommen sorgen.
- Irgendwer räumt schon hinter mir auf.
- Wenn ich mich selber bestrafe, so tut es kein anderer.
- Es kommt immer schief heraus, wenn ich etwas mache.
- Es ist wichtig, wie man in den Augen anderer dasteht.
- Alles ist erlaubt, man darf sich bloß nicht erwischen lassen.

- Gehorsam und Pflicht sind das Wichtigste.
- Das Glück kommt nicht von selber, man muß etwas dafür tun.
- Auch wenn ich mir noch so Mühe gebe, bringt's doch nichts.
- Ich kann mich schlecht verkaufen und mich ins rechte Licht rücken.
- Ich bring's nie zu etwas.
- Die Leute betrachten mich als unnütz und wertlos.
- Der Mensch ist von Natur aus böse, man kann ihm grundsätzlich nicht trauen.
- Der Körper ist minderwertig und schmutzig.
- Ich bin häßlich, ich habe keinen attraktiven Körper.
- Gefühle sind primitiv.
- Instinktive und triebhafte Bedürfnisse sind unkultiviert.
- Ich habe keine Phantasie, ich bin nicht kreativ.
- Der erste Gedanke zu etwas ist immer schlecht.
- Meine unmittelbaren Empfindungen zu Personen und Situationen sind falsch, ich darf sie nicht als Richtlinien für mein Verhalten und meine Einstellungen verwenden.
- Ich kann nie tun, was ich tun möchte.
- Pflicht geht immer vor Eigeninteresse.
- Eigene Wünsche und Interessen sind egoistisch und ablehnenswert.
- Die Leute mögen mich nicht. Ich bin nicht liebenswert.
- Ich bin ein Pechvogel.
- Ich bin meinen Lebensumständen hilflos ausgeliefert, sie sind meiner Kontrolle entzogen.
- Ich wurde in meiner Vergangenheit, in meiner Kindheit, geprägt und bin nun diesen Prägungen hilflos ausgeliefert.
- Ich muß nun für Sünden, Lieblosigkeiten und Achtlosigkeiten, die ich am Leben und an andern früher begangen habe, büßen.
- Ich muß mein negatives Schicksal/Karma annehmen, ich habe es verdient.
- Mein Leben hängt von den leiblichen Erfahrungen ab. Stirbt mein Körper, so stirbt mit ihm auch mein Bewußtsein. Am Ende bleibt nichts.

- Mein Leben ist wertlos, was ich tue, hat keinen Sinn.
- Ich bin kränklich, war es schon immer und werde es auch bleiben.
- Ich werde mit zunehmendem Alter schwächer, kränker und kraftloser.
- Das Leben ist ein Jammertal.
- Geld stinkt, Leute, die Geld haben sind habgierig, sie sind weniger glücklich und Snobs.

Auch hier möchte ich das Vorgehen an einem praktischen Beispiel demonstrieren:

Ein wunderschönes Vögelchen kam zu mir ins hintere Zimmer in Z. Es setzte sich auf meinen Finger und trank etwas vom alten Blumenwasser. Als ich ihm frisches Wasser holen wollte, mußte ich durch soviel herumliegenden und behindernden Unrat steigen, daß es erschrak und zur Terrassentüre hinausflog. Als ich das Wasser endlich hatte, war der Vogel weg.

Beobachtung: Das Traum-Ich ist maßgeblich an der Traumhandlung beteiligt, es bestimmt die Handlung und fällt Entscheidungen. Es verhält sich fürsorglich und wird durch die Kleinheit und Schönheit des Vogels motiviert. Es will den Vogel Zutrauen fassen lassen, damit er eine Weile bleibt. Das Traum-Ich möchte den berührenden Zustand aufrecht erhalten. Es will das Beste geben, realisiert aber zu wenig, was das Bedürfnis und die Natur des Vogels ist. Seine aus der Sicht des Vogel großen, plumpen und schweren Bewegungen, die wegen des Unrats auf dem Boden unharmonisch, evtl. abrupt und laut sind, erschrecken diesen. Die Absicht führt also nicht zum gewünschten Ziel. Das Problem besteht darin, daß das Traum-Ich annimmt, das Blumenwasser sei nicht gut genug, obwohl das für einen Vogel sicherlich genügend ist. Das Traum-Ich legt menschliche Maßstäbe am Vogel an, was zum Mißerfolg führt. Hätte das Traum-Ich die Bedürfnisse des Vogels erkannt und nicht nur seine eigenen Bedürfnisse empfunden, so wäre das gewünschte Ziel erreicht worden, mit oder ohne Unrat am Boden. Das Traum-Ich identifiziert sich mit einer fürsorglichen Rolle und übersieht dabei die Dominanz seiner eigenen Bedürfnisse und Maßstäbe. Andere Reaktionsweisen gegenüber dem Vogel wären Gleichgültigkeit, blankes Unverständnis für die Zutraulichkeit des Vogels oder gar Ärger gewesen, diese kamen für das Traum-Ich gar nicht in Betracht. Diese mangelhafte Unterscheidung zwischen den Bedürfnissen des anderen und mir dürfte die Ursache von Unstimmigkeiten und Frustration sein, obwohl sie von mir durchaus als positive Hilfestellung gemeint war. Außerdem kommt ein Motiv zum Tragen, das wahrscheinlich für viele Menschen gültig ist, nämlich der Versuch, schöne Momente zu halten, wobei die Intensität des spontanen Geschehnisses zerstört und im besten Falle konserviert wird.

Die Kategorisierung in Traumthemen

Wenn Sie ein Traumjournal begonnen haben, möchte ich Ihnen empfehlen, möglichst bald Ihre Träume gewissen Inhaltskategorien zuzuordnen. Sie sind dann später in der Lage, verschiedenste Träume zu einem ähnlichen Thema durchzulesen und zu vergleichen. Sie können damit untersuchen, ob und inwiefern sich eine Entwicklung in diesen Themen abzeichnet oder ob allenfalls eine Stagnation erkennbar ist. Die verschiedenen Träume zu einem Thema verdeutlichen auch vielseitiger und profunder, wie der Träumer diese Themen innerlich erlebt. Eine Traumserie ist einem einzelnen Traum weit überlegen. Es besteht die Möglichkeit, daß ein Traum eines Themas einen anderen Traum erhellt und verständlicher macht. Kurz, die Träume eines Themas ergänzen einander zu einem facettenreichen Bild. Hier zeigt sich nun der große Vorteil von einem elektronischen Traumjournal. Bei einem solchen Programm kann jedem Traum eine beliebige Anzahl von Stichwörtern zugeordnet, und bei Bedarf in kurzer Zeit alle Träume mit demselben Stichwort abgerufen werden. Zu Beginn würde ich Ihnen folgende Themenkreise vorschlagen. Bei der Durchsicht dieser Themen wird sofort erkennbar, Träume haben offensichtlich viel mit unserem täglichen Leben zu tun. Verwenden Sie die Kategorien als Startbasis und verändern sie diese später, Ihren Bedürfnissen entsprechend.

- Herkunftsfamilie
- Verwandtschaft
- eigene Familie (Ehe, Kinder)
- Beziehungen zu einzelnen (Freunde, Bekannte)
- Beziehung zu Gruppen
- Sex/Erotik
- Körper (Krankheit, Auffälligkeiten, Ernährung, Ausscheidung, Aufmachung, Kleider, Training)
- Tiere
- Beruf
- Schulzeit
- Unterwegs/Ferien
- Spiritualität
- andere

Die Wahrscheinlichkeit ist groß, hauptsächlich von diesen Themenkreisen zu träumen. Natürlich kann ein Traum auch in zwei oder mehrere Kategorien eingeteilt werden. Wenn Sie eine stattliche Anzahl Träume notiert haben, können Sie sich überlegen, ob sie weitere Kategorien hinzufügen oder einige streichen wollen. Wenn die Rubrik »andere« sehr viele Träume aufweist, ist das ein Zeichen, eine neue Kategorie zu kreieren. Wenn Sie zu einem Thema keinen Traum haben, so können Sie diese Kategorie streichen. Ich möchte die angeführten Kategorien nicht weiter definieren, damit Sie selber Spielraum haben, die Grenzen der Themen nach Ihren Vorstellungen zu ziehen und die Träume nach

Ihrem Empfinden zuzuordnen. Diese Themenkreise sollen also kein objektives Kriterium sein, um die Träume kategorisieren zu können, sondern ein Anstoß, damit Sie Ihre Träume auf eine für Sie sinnvolle Weise gruppieren können.

Es gibt eine weitere Möglichkeit zu untersuchen, wovon man träumt, indem man sich z. B. bei jedem Traum notiert, welche Personen, welche Orte, welche Gefühle und welche Handlungsweisen vorkommen. Untersuchungen dieser Art wurden auf wissenschaftliche Weise vor allem von Calvin Hall durchgeführt. Im Anhang finden Sie einige seiner Ergebnisse. Sie können seine Kategorien übernehmen und Ihre Träume mit diesen statistischen Befunden vergleichen. So können Sie erkennen, wo und wie Sie sich vom »Durchschnittsmenschen« unterscheiden und wo Ihre Individualität liegt.

Calvin Hall sammelte über 50 000 Träume von psychisch gesunden Menschen, die in keiner psychiatrischen oder psychotherapeutischen Behandlung standen. Bisher hatte man das Wissen über Träume vor allem von Leuten erhalten, die mehr oder weniger große psychische Schwierigkeiten hatten und ihre Träume in der therapeutischen Behandlung erzählten. Eine seiner wichtigsten Erkenntnisse aus diesen Untersuchungen ist, daß die Träume in einem starken Zusammenhang mit dem Tagesleben des Träumenden stehen. Der Träumer träumt oft von den Personen, die ihm am wichtigsten sind. Er träumt von den Orten, die auch in seinem Wachleben eine große Rolle spielen, sein Traum-Ich verhält sich ähnlich wie sein waches Ich. Dieses Ergebnis beweist deutlich, daß Träume kein sinnloser Unfug sind, sondern in einem bedeutungsvollen Zusammenhang mit dem Wachleben des Träumers stehen.

Ein weiteres Ergebnis seiner Untersuchungen war, daß ein Träumer über die Jahre und Jahrzehnte seines Lebens immer wieder von den gleichen Dingen träumt. Er unterschied zwischen absoluter Konstanz, relativer Konstanz und entwicklungsmäßiger Regelmäßigkeit. Die absolute Konstanz beinhaltete eine über die Jahre gleichbleibende absolute Zahl von bestimmten Themen. Die relative Konstanz bedeutete, daß ein Thema immer häufiger war als ein anderes Thema. Die entwicklungsmäßige Regelmäßigkeit bezog sich auf eine gleichmäßige Veränderung der hauptsächlichen Traumthemen im Laufe der Zeit. Hall fand vor allem eine Dominanz der relativen Konstanz.

Aufgrund der Beobachtung meiner Träume, die sich nun schon über 15 Jahre hinzieht, kann ich dieses Ergebnis nicht bestätigen. Hall machte diese Untersuchungen, wie schon gesagt, an psychisch unauffälligen Menschen, die ihren Lebensstil anscheinend gefunden hatten und ihn auch über die Jahrzehnte beibehielten, d. h. sie waren wahrscheinlich verheiratet, hatten eine Familie, einen festen Beruf und einen relativ festen Wohnort. Da die Träume bis zu einem gewissen Grad das Tagesleben reflektieren, spiegeln sie auch gleichbleibende Verhältnisse im Tagesleben. Zeigen sich im Leben eines Individuums mehrere deutliche Veränderungen, so dürfte das mit Sicherheit auch im Traumleben erkennbar sein. In meinem Leben, das nicht so geradlinig verläuft, ist es so. In der heutigen Zeit wird außerdem erkennbar, daß für viele Individuen ein solch' geregeltes Leben, wie in den Jahren von Calvin Halls Untersuchungen, nicht mehr die Regel ist. Die Statistiken über die Ehescheidungen, die Berufswechsel und die Weiterbildung/Umschulung sprechen eine deutliche Sprache. Ich bin ebenfalls davon überzeugt, daß die Träume von Leuten, die in unruhigen oder gar kriegsgeplagten Regionen leben, über die Jahre ebenfalls ein unruhigeres Traumleben aufweisen, indem sich die Dominanz bestimmter Traumthemen deutlich verändert.

Teil 2: Die kreative Bearbeitung des Traumes

Nachdem wir den Inhalt des Traumes möglichst gründlich und vielschichtig erfaßt haben, können wir ihn in einem größeren Zusammenhang sehen und als Ausgangsbasis für kreative Tätigkeiten gebrauchen. Als erstes möchte ich die Deutung der Träume behandeln – sie ist die klassische Vorgehensweise, wie sie aus den tiefenpsychologischen Schulen bekannt ist. Sie fordert vor allem die intellektuellen und intuitiven Fähigkeiten. Die darauf folgende künstlerische Bearbeitung nutzt die bildliche und kunsthandwerkliche Auseinandersetzung; dabei steht die sprachliche Bearbeitung weniger im Vordergrund. Es folgen imaginative Techniken, die das Vorstellungsvermögen aktivieren. Letztere sind die Techniken, die dem nächtlichen Traum am nächsten verwandt sind. Sie wurden in ähnlicher Weise schon von C. G. Jung, später aber auch im *Psychodrama*[15] und in der *Gestalttherapie*[16] verwendet, wobei das kreative Rollenspiel den beabsichtigten Tagtraum in der Phantasie ersetzte.

Metaphern, Symbole und freie Assoziation

Die Metapher ist laut Duden ein sprachlicher Ausdruck, bei dem ein Wort oder eine Wortgruppe aus seinem eigentlichen Bedeutungszusammenhang in einen anderen übertragen wird, ohne daß ein direkter Vergleich zwischen Bezeichnendem und Bezeichnetem vorliegt; sie ist eine bildhafte Übertragung (z. B. das Haupt der Familie). Genau diese Art Übertragung können wir mit den Träumen machen, die hauptsächlich aus Bildern bestehen. Wenn man davon ausgeht, daß der Traum eine Aussage hat, kann man seine bildliche Information in eine sprachliche Information umsetzen. Dies geschieht einerseits, indem die Traumhandlung metaphorisch bearbeitet und andererseits, indem der Symbolgehalt der Objekte erschlossen wird.

Ein erster Schritt der metaphorischen Bearbeitung wäre, wenn Sie sich überlegen, ob solche Sinnbilder wie z. B. »das Haupt der Familie«, »jemandem nachsteigen«, »nicht alle Tassen im Schrank haben« etc. im Traum vorkommen. Eine Metapher ist allerdings nicht nur ein Sinnbild, wie es in bekannten Redeweisen vorkommt, sondern jede bildhafte Darstellung eines Sachverhaltes. Der Traum benutzt dem Träumer bekannte Metaphern, da er ja letztlich selbst der Traumproduzent ist. Er sollte diese also finden können. Als Beispiel möchte ich eine kleine Traumsequenz anfügen, um das Gesagte zu verdeutlichen:

Ich träumte, es sei Abend und meine Kollegin I. stand im Nachthemd da. Es war ein schweres Nachthemd und reichte bis auf den Boden hinunter. Es sah irgendwie königlich aus.

Das schwere königliche Nachthemd, das bis an den Boden reichte, kann als Metapher verstanden werden und illustrierte für mich auf eindrückliche Weise die erotische Unnahbarkeit meiner Kollegin. Andererseits steckte auch eine gewisse Ambivalenz in der Symbolik, da ein Nachthemd immer mit dem Aufenthalt im Bett verknüpft ist, ich sah sie nicht in Kleidern, wie man sie üblicherweise am Tage anzieht. Ob diese Ambivalenz auf meine erotische Phantasie gegenüber meiner Kollegin zurückzuführen war, oder ob meine Kollegin in ihren erotischen Bedürfnissen unsi-

cher war, sei dahingestellt. Da es mein Traum war, ist ersteres wahrscheinlicher.
Generell kann ein ganzer Traum eine Metapher für die innere Befindlichkeit des Träumers darstellen. So ist es häufig sinnvoll, nicht nur das Traum-Ich mit sich selber gleichzusetzten, sondern alle anderen Figuren auch. Auch diese können einen Teil der Seele des Träumers personifizieren, mit dem er sich zur Zeit bloß nicht identifiziert. Gehen Sie also davon aus, daß Ihre Seele weit größer ist als Ihr Ich, das am Morgen aufsteht und abends wieder zu Bett geht. Sie ist auch größer als das Traum-Ich. Es liegt an Ihnen herauszufinden, was Ihre Seele alles in sich trägt. Seien Sie auf Großartiges und Kleinkariertes, auf Gescheites und Dummes, auf Schönes und Gräßliches, auf Angenehmes und Unangenehmes, auf Ängstigendes und Beglückendes gefaßt. Wenn Sie in Ihren Träumen z. B. auf Verwandte und Bekannte stoßen, können diese mit ihren spezifischen Persönlichkeiten sowohl bestimmte Eigenschaften Ihrer Seele darstellen, als auch Ihre tatsächliche Beziehung zu diesen Personen veranschaulichen.
Bei dieser Gelegenheit möchte ich noch etwas näher auf das Thema der Sexualität im Traum eingehen. Es spielt in den Träumen oft eine wesentliche Rolle. Meist werden sexuelle Träume besser erinnert, da sie eine größere Intensität haben. Wie schon erwähnt, umfaßt unsere Seele weit mehr, als wir von unserer Alltagspersönlichkeit her kennen, das gilt auch für die Sexualität der Seele. So kann es durchaus vorkommen, daß wir im Traum mit gleichgeschlechtlichen Partnern sexuellen Kontakt haben, oder wir pflegen sexuelle Praktiken, die in der westlichen Kultur nicht als üblich angesehen werden. Sexuelle Normen sind ein Ausdruck einer Kultur und einer menschlichen Gemeinschaft und müssen nicht mit den Bedürfnissen des Einzelnen übereinstimmen. In den Träumen sind wir häufig bis zu einem gewissen Grad von diesen Normen und Verhaltensregeln befreit, mit dem Resultat, daß

wir von unkonventionellen Handlungen träumen, was nicht immer einfach zu akzeptieren ist. Ich schlage deshalb dem Träumer vor, nicht vor solchen Träumen zurückzuschrecken oder sich deswegen zu schämen, sondern zu lernen, diese als Bestandteil seiner Seele und als Ausdruck seiner Bedürfnisse zu akzeptieren. Das muß nicht heißen, daß er diese Bedürfnisse auch in seinem täglichen Leben ausleben sollte. Dafür sind unter anderem ja unsere Träume da. In ihnen kann unsere Seele gerade die Anteile ausdrücken, die in der physischen Realität aus dem einen oder anderen Grund nicht gelebt werden können. Schrecken Sie also nicht vor solchen Träumen zurück. Können Sie diese annehmen, so öffnet sich bis zu einem gewissen Grad auch Ihr geistiger Horizont. Ähnliches gilt für aggressive Träume. Auch diese werden wegen ihrer Eindringlichkeit eher erinnert als andere, die weniger spektakulär sind. Man könnte deswegen zu der irrigen Ansicht kommen, Träume würden zum größten Teil nur verabscheuenswürdige Themen beinhalten. Wenn der an Träumen Interessierte schon eine Weile ein Traumjournal geführt hat, kann er feststellen, diese Themen machen durchaus nicht den Großteil seiner Träume aus. Viele andere, auch unspektakulärere Themen wiegen solche Träume quantitativ bei weitem auf.

Doch zurück zum Thema der Metapher. Ein zweiter Schritt der metaphorischen Bearbeitung ist die Abstraktion und Übertragung in einen anderen Kontext. Die Traumhandlung findet innerhalb eines bestimmten Zusammenhanges statt, ebenso die Beziehungen zwischen den Traumobjekten (das Traum-Ich gehört auch zu den Traumobjekten). Es besteht die Möglichkeit, von diesem Kontext zu abstrahieren, die Traumhandlung daraus herauszuschälen und sie in einem zweiten Schritt in einen neuen Zusammenhang zu bringen. Das scheint etwas abstrakt, weshalb ich gleich ein Beispiel anfügen möchte.

Im Kapitel der Traumobjektivierung habe ich einen Traum ge-

schildert, in dem ich in einem VW an einer Küstenstraße entlang fuhr. Die Handlung könnte man nun wie folgt abstrahieren: »Das Erreichen eines Ziels führt wegen unvorhergesehenen Ereignissen zu unachtsamem Handeln des Traum-Ichs und zu Problemen mit seiner Umwelt. Das Ergebnis ist ungewiß.« Wenn ich nun diese Dynamik in meinen Alltag übertrage, so muß ich gestehen, daß sie mir vertraut ist. Ich neige gelegentlich zu solch unüberlegten und emotionalen Handlungen, wenn etwas nicht so läuft, wie ich es mir vorstelle. Es ist ein Charakterzug von mir, manchmal zu wenig umsichtig zu handeln, vor allem, wenn ich ein bestimmtes Ziel vor Augen habe. Dies kann in verschiedensten Zusammenhängen geschehen. Es wäre eigentlich seltsam, wenn das Traum-Ich anders reagieren würde als das wache Ich!
Ein dritter Schritt wäre, die Bedeutung der verschiedenen Traumobjekte zu eruieren. Einen Teil davon haben wir schon bei der Traumobjektivierung getan, als wir uns überlegten, welche persönliche Bedeutung die Traumsymbole haben. Diese subjektive Bedeutung ist wesentlich und ausschlaggebend. Auch wenn Sie in einem Symbollexikon nachschlagen, so muß dessen Aussage für Sie im Kontext des Traumes plausibel sein. Ein Symbol ist immer mehrdeutig. So kann die Bedeutung eines Spatzes in einem Traum sehr verschieden sein. Seine Flugfähigkeit kann wichtig sein, seine Kleinheit, sein Mut, seine Vorwitzigkeit, seine Schlauheit, seine Farbe usw.
Um die persönliche Bedeutung eines Symbols besser zu begreifen, gibt es eine klassische Methode, nämlich die freie Assoziation, die von Freud eingeführt und von Jung modifiziert wurde. Freuds Assoziationstechnik konnte sehr weit vom eigentlichen Traumthema wegführen und verschiedenste Themen berühren, die für den Träumer von Belang waren, darunter spielten natürlich häufig sexuelle Motive eine wichtige Rolle. Es dürfte eine Übertreibung und eine Reaktion auf die falsche Prüderie jener

Zeit sein, daß die Sexualität die einzige Motivation der Traumarbeit darstelle. Außerdem hat das Thema Sexualität, wie jeder Boulevard-Journalist und jeder Werbefachmann weiß, für uns eine große Anziehungskraft. Diese Attraktivität dieser These ist jedoch kein Beweis für den sexuellen Ursprung aller psychischer Regungen. Jung versuchte die freie Assoziation etwas zu begrenzen, damit sie noch in einem erkennbaren Zusammenhang zum Traum blieb. Dieses Verfahren scheint mir empfehlenswerter, da sonst einer wilden Spekulation Tür und Tor geöffnet wird.

Schreiben Sie sich also ein oder mehrere Symbole (Objekte) des Traumes heraus und notieren Sie mehrere Stichwörter, die Ihnen dazu in den Sinn kommen. Dafür braucht es etwas Zeit und Muße. Diese Erweiterung der Bedeutung eines Symbols wirft häufig ein neues Licht auf den Sinngehalt des Traumes. Als Ergänzung zur freien Assoziation kann die Bedeutung eines Symbols in einem Buch nachgeschlagen werden. Als alleiniges Hilfsmittel zur Verbesserung des Traumverständnisses sind solche Bücher, meiner Meinung nach, nicht zu empfehlen. Sie verhindern eine persönliche Auseinandersetzung mit den Träumen. Trotzdem möchte ich im folgenden auf das Thema der Symbollexika eingehen.

Es ist ein allgemeiner und tiefsitzender Reflex, sich nach der Bedeutung seiner Träume zu fragen. Der Traum wird als eine unverständliche Sprache verstanden, die entschlüsselt werden muß. Schon in der biblischen Geschichte haben wir als Kinder erfahren, daß sich der Pharao seine Träume deuten ließ. Die psychoanalytisch orientierten Therapien unseres Jahrhunderts haben den Ruf nach der Deutung eines Traumes verstärkt. So gibt es seit vielen Jahrhunderten in Europa Traumlexika, die auf eine alte Tradition bauen können. Wenn man sich diese Werke etwas genauer anschaut, können sie eine recht befremdliche Wirkung haben. So auch auf mich.

Um mich zu orientieren, was es zu diesem Thema zur Zeit auf dem

Markt gibt, ging ich in eine einschlägige Buchhandlung, die eine breite Palette von Büchern anbietet. Negativ sind mir insbesondere Traumsymbollexika aufgefallen, die im Titel mit der Anzahl der verzeichneten Symbole angeben. In solchen Büchern werden Bedeutungen angeboten, die mir an den Haaren herbeigezogen scheinen. Hier zwei Beispiele, die ich beim Durchblättern gelesen habe: Blumenstrauß = baldige Heirat; Begegnung mit einem Homosexuellen = materieller Gewinn; Begegnung mit vielen Homosexuellen = Ihre materielle Situation wird sich entscheidend verbessern. Meiner Meinung nach sind solche Werke reine Zeit- und Geldverschwendung. Sie werden auch nicht besser, wenn sie sich auf eine altehrwürdige und wenn möglich geheime oder fernöstliche Tradition berufen. Vom Kauf solcher Bücher ist abzuraten, wobei diese anscheinend einen großen Markt beliefern.

Bei den oben genannten Symboldeutungen wird auch ersichtlich, daß sie sich auf die Zukunft beziehen. Darum möchte ich mich an dieser Stelle kurz zu dem Thema der prophetischen Träume äußern. Wie schon erwähnt, deutete Joseph Pharaos Traum, indem er ihm und seinem Volk sieben fette und sieben magere Jahre weissagte, was dann auch eintraf. Dieses eindrückliche Beispiel dürfte viele von uns, die eine christliche Erziehung genossen haben, in unserer Auffassung über das Wesen der Träume beeinflussen. So wird unter Laien immer wieder nach dem prophetischen oder zukunftsweisenden Gehalt der Träume gefragt. Aus meiner Erfahrung kann ich sagen, daß zukunftsweisende Träume eine sehr untergeordnete Rolle spielen.

Da mit dem Zeitfaktor in Träumen wesentlich lockerer umgegangen wird als in der wachen Realität, ist es vorstellbar, daß in ihnen nicht nur Bestandteile aus der Vergangenheit, sondern auch aus der Zunkunft verwendet werden. So passiert es mir gelegentlich, daß ich im Laufe des Tages auf ein Geschehnis oder ein Detail stoße, von dem ich vorher geträumt habe. Dieses Phänomen hat sich bisher immer nur auf Nebensächlichkeiten bezogen. Noch nie hatte ich durch meine Träume Kenntnis von einem wichtigen Ereignis, das in der Zukunft eintreten würde. Als Beispiel möchte ich folgenden Traum wiedergeben:

Ich war von einer großen Reise heimgekehrt und schaute in den Briefkasten. Dort lagen verschiedene Karten, unter anderem auch eine von mir, die retourniert war, da ich nur die Adresse auf die Karte geschrieben hatte, den Text hatte ich jedoch auf die Klebseite der Briefmarke geschrieben!? Die Karte war rötlich lackiert.

Am nächsten Tag fand ich tatsächlich eine Ansichtskarte im Briefkasten, die auf der Bildseite rot war und aussah, wie wenn sie lackiert worden wäre. Die Karte war aber weder von mir selbst, noch befand sich der Text auf der Rückseite der Briefmarke. Allerdings erinnerte sie mich stark an meinen Traum und ließ mich über einen möglichen Zusammenhang rätseln.
In bezug auf prophetische Träume ist außerdem zu erwähnen, daß man sie in der Regel erst im Nachhinein als solche erkennt, wenn das prognostizierte Ereignis eingetreten ist. In der Literatur kann man gelegentlich lesen, daß der Tod eines nahen Bekannten oder Verwandten im Traum angekündigt wurde. Meist geschah dies aber in einer symbolischen Form. Dieses Thema führt in den Bereich der Parapsychologie, von dem ich zu wenig Kenntnisse habe, um Ihnen Literaturhinweise geben zu können. Vom praktischen Standpunkt her gehe ich davon aus, daß zukunftsweisende Elemente des Traumes als Hinweis für mögliche seelische Tendenzen und Entwicklungen zu verstehen sind, die erst in der näheren Zukunft im Wachleben aktuell werden.
Falls Sie einmal davon träumen, daß Ihr Kind, Ihr Ehepartner oder eine Ihnen bekannte Person tödlich verunglückt, so ist es wahrscheinlich, daß das kein prophetischer Traum ist. Er kann entweder Ihre Befürchtungen oder Ihre Wünsche in bezug auf

diese Menschen auf deutliche Weise ausdrücken – oder er kann darauf hinweisen, daß ein eigener Seelenteil, der durch diese Personen charakterisiert wird, keine Lebensgrundlage mehr hat und zu einem Ende gekommen ist. Letzteres ist ein Geschehnis, das in den Wechselfällen unseres Lebens gelegentlich vorkommt, da gewisse seelische Strebungen zu wenig Unterstützung und zu wenig Raum von uns erhalten haben, um zu gedeihen und sich zu entfalten.

Um auf das Thema der Traumsymbolbücher zurückzukommen, möchte ich darauf hinweisen, daß Deutungen hinsichtlich zukünftiger Ereignisse höchstens als Frage und nicht als Feststellung vorkommen sollten. Da solche Deutungen eher unangebrachte Ängste und Befürchtungen auslösen können, halte ich sie weder für sinnvoll, noch für produktiv. Eine andere Sorte von Symbollexika bezieht sich häufig nicht nur auf die Traumsymbolik, sondern insbesondere auf Symbole, wie sie in der bildnerischen Kunst verschiedenster kultureller und religiöser Traditionen gebraucht werden. Hier handelt es sich also mehr oder weniger um wissenschaftliche Werke. Diese sind eher zu empfehlen.

Falls Sie sich ein Symbollexikon anschaffen wollen, gebe ich Ihnen folgenden Rat. Blättern Sie es durch und lesen Sie einige Einträge. Wenn die Bedeutung eine logische, emotionale oder intuitive Plausibilität aufweist und einen für Sie erkennbaren Zusammenhang mit dem Symbol hat, dann ist das Buch brauchbar. Die besseren Lexika geben für ein Symbol mehrere Bedeutungen an. In der Psychologie haben sich die Jungianer am intensivsten mit der Symbolik auseinandergesetzt. Meist sind daher Symbolbücher, die von der Jungschen Psychologie inspiriert sind, brauchbar. Ein gutes Buch über die Traumsymbolik stammt von Ernst Aeppli.[17] Es ist ein Klassiker und wird schon seit einiger Zeit aufgelegt. Allerdings ist es kein Nachschlagewerk, sondern behandelt verschiedene Symbolthemen in einzelnen Kapiteln.

Ein nützliches, kleines und preiswertes Lexikon ist das Lexikon der Symbole[18] vom Herder Verlag.

Hier noch ein Nachwort zu solchen Nachschlagewerken: Gebrauchen Sie das Symbollexikon nicht zu häufig. Einerseits ist ein Symbol immer in einen ganz individuellen Kontext gebettet, andererseits tauchen häufig Symbole auf, die in keinem Symbollexikon nachzuschlagen sind. Wenn Sie also von Onkel Fritz träumen, der an einem Tisch sitzt, so hilft Ihnen ein Symbollexikon wenig. Der Griff zum Lexikon bedeutet auch immer die Suche nach einer schnellen Antwort. Im besten Falle ist diese erhellend und inspirierend, im schlechtesten Falle ungenügend. Die dadurch ausgelöste Enttäuschung kann verhindern, sich weiter mit dem Traum auseinanderzusetzen.

Der Griff nach dem Symbollexikon scheint mir, bildlich dargestellt, dem Bildbetrachter in einem Museum zu gleichen, der bei jedem Bild sofort auf dem Schild den Titel und allenfalls den beleuchtenden Text liest, der die Bedeutung des Bildes enthüllt oder interpretiert. Darum hat es immer wieder bildende Künstler gegeben, die ihre Werke »ohne Titel« präsentieren. Schließlich will ein Maler, daß der Betrachter sein Bild betrachtet und sich von ihm berühren läßt und nicht, daß er nach einer schriftlichen Gebrauchsanweisung schreit, die ihn letztendlich von der visuellen Darstellung ablenkt. Unsere sprachorientierte Kultur, die stark auf logische Erklärungen baut, ist diesbezüglich keine Hilfe. Bildliche Darstellungen, Träume und Symbole beinhalten meist mehrere und vielschichtigere Informationen, die manchmal gar nicht so deutlich ausgedrückt werden. Es scheint mir ein Gewinn zu sein, Träume, Bilder und Symbole nicht zu deuten, sondern sie einfach bewußt in ihrer bildlichen Qualität oder in ihrem Erlebnisgehalt wahrzunehmen und in ihrem ungedeuteten Zustand zu belassen und auszuhalten. Die unbeantworteten Fragezeichen erzeugen eine Spannung, die vielleicht nicht angenehm ist, die aber

längerfristig zu neuen seelischen Bewegungen und Erkenntnissen führen können, die durch den vorschnellen Griff zum Symbollexikon verhindert werden.
Die metaphorische Bearbeitung der Träume und das Herausfinden der Bedeutung der Traumsymbole kann aber auch zu vielschichtigen Erkenntnissen führen. Akzeptieren Sie die Mehrdeutigkeit eines Traumes. Wenn Sie das einige Male erlebt haben, so können Sie die multidimensionale Natur der Träume und der Seele erahnen. Die Mehrschichtigkeit und Mehrdeutigkeit der Träume wird mehr und mehr auch von wissenschaftlicher Seite anerkannt und thematisiert.[19] Die durch psychologische Schulen und die Naturwissenschaften erzeugten Grabenkriege sind heute in bezug auf Träume immer noch vorhanden, eine integrative Sichtweise ist aber zunehmend gefragt.

Die künstlerische Verarbeitung

Ich habe im Kapitel über die metaphorische und symbolische Verarbeitung zu zeigen versucht, daß das Nachschlagen eines Symbols nicht unbedingt eine befriedigende Lösung darstellen muß. Die bildliche Auseinandersetzung mit dem Traum kann unter Umständen die adäquatere Lösung sein, da der Traum selber zur Hauptsache aus Bildern besteht. Das Gehör, der Geruch und der Tastsinn spielen in ihm häufig keine oder nur eine untergeordnete Rolle. Das Ergebnis der bildlichen Auseinandersetzung ist häufig nicht ein intellektuelles Erkennen, sondern eine intensivere Berührung durch den Traum, die mit einer intuitiven Einsicht einhergehen kann. Manchmal ist es sinnvoll, einen Traum zu malen, ohne ihn mit den Methoden aus Teil 1 intellektuell zu erfassen. Jung hatte das Malen von Traumbildern propagiert und benutzte diese Gestaltungsmöglichkeit selbst ausgiebig.[20]

Ich habe die Erfahrung gemacht, daß das Malen von Träumen einerseits ein positives, ganzheitliches Gefühl erzeugt und sich andererseits günstig auf das Traumerinnerungsvermögen auswirkt. Einen Traum zu malen hat bei mir eine intensivere Wirkung auf die Traumerinnerung als das bloße Aufschreiben und Analysieren des Traumes. Modellieren, textiles Gestalten und ähnliches haben sicherlich dieselbe Wirkung. Wie schon erwähnt, lohnt sich der Besuch eines Zeichen- oder Malkurses, falls solche Interessen vorhanden sind. Zur Illustration dieses Kapitels möchte ich einen Traum erzählen, zu dem ich ein kleines Bild gemalt hatte:

Ich war in den Ferien. Mein Zimmer ging aufs Meer hinaus. Es war Abend und ich lag im Bett. Ein Vogelschwarm flog mehrere Male in mein Zimmer herein und wieder hinaus. Schließlich ließen sich etwa drei Vögel auf meinem Kopfkissen nieder. Ich war erstaunt über ihre Zutraulichkeit und schaute sie mir genauer an. Der eine Vogel hatte eine Art Totenkopf, den er abnehmen konnte. Darunter war aber nochmals ein Totenkopf! Der Geselle gefiel mir gar nicht.

Abb. 2 Der Bote der Nacht

Obwohl das Bild die »Totenkopfqualität« nicht so gut wiedergibt, hat mir der Vogel in seinem Ausdruck gefallen. Im Traum tritt er als Bote des weiten Meeres und der Nacht auf, doch scheint seine Botschaft keine erfreuliche zu sein.

Der Traum belehrt uns auf eine merkwürdige Weise von der Leichtigkeit unserer Seele, in jedes Objekt einzudringen, sich in jedes sogleich zu verwandeln. Novalis

Die Symbolvertiefung

Häufig bleibt die Bedeutung einzelner Traumgestalten etwas unklar. Es ist nicht zu erkennen, wer oder was die Gestalt genau darstellt. Manchmal hat sie die Wesenszüge von mehreren bekannten Personen zugleich. Oft ist nicht zu erkennen, warum die Gestalt gerade in diesem Zusammenhang auftritt oder warum sie sich so und nicht anders verhält. Bei anderer Gelegenheit weckt eine Traumgestalt heftige Emotionen im Traum-Ich, zum Beispiel Angst, Freude oder Ärger, so daß dieses gar nicht recht realisieren kann, wer oder was die Traumgestalt ist und welche Motive und Bedürfnisse sie überhaupt hat. Dies kann als Anlaß dienen, sich mit einem Traumobjekt, einem Traumsymbol intensiver auseinanderzusetzen.

Eine Methode, dies zu tun, ist die Symbolvertiefung.[21] Mit dieser Technik setzen wir uns mit den Elementen des Traumes auseinander, die nicht Traum-Ich sind. Das Besondere daran ist, daß wir uns mit den Traumfiguren, seien es Sachen, Menschen, Tiere oder Energien, identifizieren. Der Wert dieser Phantasieübung liegt darin, die Perspektive des Egos zu verlassen und damit neue

Einsichten und Standpunkte zu gewinnen. Um sie auszuführen, sollten wir uns die nötige Zeit nehmen, um uns intensiv in diese Traumsymbole zu versetzen, um von innen her zu erspüren, wie es sich anfühlt, die gewählte Traumfigur zu sein.
Da es sich bei diesem Verfahren um eine meditative Technik handelt, sollten Sie es sich bequem machen und zur Einleitung ein paar entspannende Übungen machen. Diese kleine Übung muß nicht lange dauern, ihr Zweck ist, die Aufmerksamkeit von der Außenwelt abzuziehen und zu sammeln. Sie müssen dabei nicht in einen tieferen Entspannungszustand kommen. Es reicht, wenn Ihre Aufmerksamkeit nach innen, zuerst auf Ihren Körper, dann auf Ihre Phantasie gerichtet ist. Sie müssen für diese und später beschriebene Imaginationsübungen kein Talent für Phantasie und Imaginationskraft haben. Die Vorstellung muß nicht Kinoqualität haben, sondern kann in ihrer bildlichen Qualität durchaus unklar sein. In der Regel weiß man trotzdem ganz genau, was man gerade in der Phantasie erlebt, auch wenn die Phantasiegestalten nicht detailliert gezeichnet sind und eher schemenhaft wirken. Es reicht, wenn die Bildqualität in etwa der Qualität einer Erinnerung an einen Ort oder an ein Ereignis aus Ihrer neueren Vergangenheit entspricht. Auch Erinnerungen sind häufig nicht plastisch, sondern eher vage.

Setzen oder legen Sie sich bequem hin,
schließen Sie die Augen und
atmen Sie einmal tief ein und aus.

Spüren Sie Ihren Körper,
spüren Sie sein Gewicht,
wie es auf der Unterlage ruht.
Spüren Sie Ihren Atem, wie er
von selbst ein und ausströmt.

Spüren Sie, wie Ihre Arme schwer und warm werden.
Auch Ihre Beine werden schwer und warm.
Spüren Sie, wie sie nun entspannt sitzen oder liegen
und beginnen Sie mit der Imaginationsübung.

Als nächster Schritt erfolgt die Identifikation. Stellen Sie sich zuerst das Traumsymbol so vor, wie es im Traum aufgetreten ist, versuchen Sie es möglichst deutlich, auch in Einzelheiten zu betrachten und zu erkennen. Dann stellen Sie sich vor, vom Standpunkt des Betrachters in den Standpunkt des betrachteten Symbols zu wechseln. Wie fühlt sich das an? Es ist sinnvoll, sich vorerst einmal passiv als diese Person, diesen Gegenstand etc. zu empfinden und zu sein. Es müssen keine großen Einsichten und Erkenntnisse aus dieser Identifikation entstehen. Wichtig ist, sich zu identifizieren und zu spüren, wie sich das anfühlt.
Dann stellen Sie sich vor, woher dieses Symbol kommt, wo sein »Zuhause«, in welcher Umgebung seine Heimat ist, sei das nun ein Haus, eine Wohnung, eine Straße, ein Wald oder die freie Natur. Auch hier verweilen Sie für eine Weile in dieser Umgebung und versuchen, Einzelheiten zu erkennen. In einem weiteren Schritt begeben Sie sich wieder in die Traumhandlung und begegnen dem Traum-Ich, diesmal aber aus der Perspektive des Symbols. Wie fühlt sich das an, wie erscheint das Traum-Ich aus diesem Blickwinkel?
Die imaginativen Techniken können mit der Zeit und Übung verbessert werden. Die Wahrnehmungen werden deutlicher und realistischer. Vielleicht ist es in diesem Zusammenhang wichtig, die Wirklichkeit dieser imaginative Welt zu erwähnen, die nicht bloß ein bedeutungsloses Hirngespinst ist. Viele spirituelle Traditionen haben den Realitätscharakter dieser inneren Welten betont, der sich von der materiellen Welt, wie wir sie aus dem Wachbewußtsein kennen, wohl unterscheiden mag, deswegen

aber keineswegs wirkungslos, bedeutungslos und bar jeder Konsequenz ist. Ich möchte darauf hinweisen, daß alle Handlungen, die von Menschen in der materiellen Welt ausgeführt werden, zuerst in der Welt der Vorstellungen, der Ideen und der Absichten entstehen und daher durch die Inhalte dieser imaginativen Welten motiviert und ausgelöst werden. Unsere ganze Kultur und alle Techniken wurden zuerst in der Phantasie und im Vorstellungsvermögen geschaffen, bevor sie in der materiellen Welt umgesetzt wurden. So gesehen ist die Phantasie die Mutter unserer menschlichen Umwelt. Der Stuhl, auf dem Sie sitzen, das Zimmer, in dem Sie sich befinden, das Buch, das Sie in der Hand halten, die Kleider, die Sie auf ihrem Körper tragen, sie alle sind zuerst in der Phantasie entstanden und wurden mit Werkzeugen erstellt, die zuerst aus dem Vorstellungsvermögen heraus erfunden werden mußten. Die Vorstellung und die Phantasie haben zusammen mit dem schlußfolgernden Denkvermögen eine primäre und zentrale Bedeutung in unserem Dasein. Doch zurück zu der Symbolvertiefung. Um das Gesagte zu veranschaulichen, möchte ich sie an einem Beispiel darstellen.

Wir waren in L. und der Papst war bei uns zu Besuch. Ich mußte eine psychologische Testaufnahme auswerten und den Bericht dazu schreiben – hatte also nicht so viel Zeit für den Besucher. Schließlich fragte ich ihn aber, an was die Katholiken glauben würden, an eine kollektive oder an eine individuelle Erlösung? Er gab mir eine Erklärung, die eigentlich recht unklar war. Er war ausschweifend und gab zu, die Frage nicht genau beantworten zu können.

Mich wunderte, warum ich als Nichtkatholik vom Papst geträumt hatte und beschloß daher, mich imaginativ in die Figur des Papstes zu vertiefen. Nachdem ich mich zurückgelehnt hatte, versetzte ich mich in den Traum, diesmal aber in der Rolle des Papstes:

Ich fühle eine Schwere und Müdigkeit, als ob die 2000-jährige Tradition und die Tonnen von Büchern ein Bestandteil meiner Person wären. Ich stelle mir vor, wie ich im Vatikan sitze und sehe all den Prunk und Verhaltensprotokolle, die mich einengen und die ein einziger Aufruf zur Pflicht sind. Ich bin resigniert und versuche aus dieser Position mein Bestes zu geben, aber ich weiß, daß das nicht gut genug ist und wenig bewirken wird. Nun stelle ich mir wieder vor, im Traum zu sein und sitze Christoph gegenüber, der sich kaum für mich interessiert und mir vorlaut schwierige Fragen stellt, obwohl er keine Ahnung hat, wie kompliziert ihre Beantwortung ist. Er will eine schnelle, klare Antwort, aber die gibt es nicht.

Nach diesem kleinen Erlebnis war ich ziemlich betroffen. Ich hatte mich bisher noch nie mit der Rolle des Papstes identifiziert, sah ihn immer von außen und hatte schon häufig an ihm herumkritisiert.

Das Zwiegespräch mit Traumgestalten

Das Zwiegespräch mit Traumgestalten gleicht der Symbolvertiefung, wobei hier ein Dialog zwischen dem Traum-Ich und der gewählten Traumgestalt stattfindet. Es ist sinnvoll, schon einige Übung in der Symbolvertiefung zu haben, um mit dieser Technik zu beginnen. Es ist dann möglicherweise etwas einfacher, die Traumgestalt als eigenständiges Wesen zu begreifen.
Legen oder setzen Sie sich bequem hin und schließen Sie die Augen. Begeben Sie sich nach einer kleinen Entspannungs- und Konzentrationsübung, wie sie im Kapitel der Symbolvertiefung beschrieben wird, in Ihrer Phantasie zurück zum Traum und der bewußten Traumfigur. Stellen Sie sich die Traumfigur vor und versuchen Sie, in einen Dialog mit ihr zu treten. Eine gute Anfangsfrage ist die Frage »Wer bist Du?«, oder auch »Was willst

Du?«, oder »Warum hast Du im Traum das und das gemacht.« Als nächstes gilt es zu erkennen, was die Traumgestalt antwortet. Meist kommt Ihnen bei der gestellten Frage unmittelbar ein Gedanke, eine Antwort in den Sinn. Die Antwort kann banal, nichtssagend oder auch verblüffend sein. Wichtig ist, diesen Antworten zu vertrauen und nicht mit dem Gedanken abzutun, sie seien nur eine sinnlose Einbildung. Wenn sich die Antworten der Traumfigur von Ihrem bewußten Standpunkt unterscheiden, so spricht dies dafür, daß sie nicht einfach von Ihnen »gemacht« wurden, sondern aus tieferen, teilweise autonomen Quellen Ihrer Seele stammen. Falls Sie mit den Antworten nicht zufrieden sind, können Sie weitere Fragen stellen und so in einen Dialog treten. Nach diesem imaginierten Dialog sollten Sie die Geschehnisse aufschreiben. Tag- und Nachtträume sind flüchtige Gebilde, die sich in unserem Bewußtsein schnell auflösen, wenn wir sie nicht frühzeitig fixieren. Als Beispiel möchte ich den folgenden Traum samt Zwiegespräch vorstellen:

Meine Frau, ihre Freundin und ich sollten eine Kreuzfahrt nach Amerika antreten. Meine Frau hatte sie gebucht. Doch als es soweit war, waren die beiden merkwürdig passiv. Ich mußte sie praktisch ziehen. Das Schiff legte in Zürich am Bürkliplatz an. Doch wir fuhren mit dem Tram Nr. 6 zu weit bis ans Bellevue. Dann setzten wir uns dort einfach auf eine Bank. Ich mußte die beiden aufrufen, endlich zu kommen. Da sie so langsam waren, ging ich voraus. Aber das Check-in hatten wir verpaßt. Beim Schiffseingang griff mich ein Mann langsam mit Karateschlägen an, wie in Zeitlupe. Ich wehrte ihn ab. Am Schluß waren wir aber völlig ineinander verkeilt. Die beiden anderen waren immer noch nicht hier. Da mich dieser unbekannte Mann interessierte, führte ich später ein Zwiegespräch mit ihm:

Ich: Wie kommen Sie dazu mich anzugreifen, ich kenne Sie ja gar nicht?

Karatemann: Ich bin der Mann der Langsamkeit.

Ich: Ja, das sehe ich, Ihre Langsamkeit hilft Ihnen aber auch nicht sehr weit. Langsame Karateschläge sind keine überzeugende Methode.

Karatemann: Oh, doch, wie Sie ja sehen, hat es gereicht, Sie aufzuhalten.
Ich: Warum wollen Sie mich aufhalten?
Karatemann: Sie nehmen zu wenig Rücksicht auf andere und stürmen voraus.
Ich: Ja schon, aber mir scheint mein Motiv berechtigt zu sein, immerhin sollten wir auf ein Schiff, das bald abfährt. Es war nicht meine Idee, auf dieses Schiff zu gehen. Sie sehen also, ich handle nicht aus eigennützigen Motiven, sondern will die anderen dazu antreiben, das zu erreichen, was sie selbst wollen.
Karatemann: Das mag ja sein, trotzdem handeln Sie zu wenig umsichtig, Sie berücksichtigen zu wenig, daß viele Menschen in sich widersprüchlich sind. Außerdem frage ich mich, warum Sie deren Wunsch nach einer Schiffsreise zu Ihrem eigenen Anliegen gemacht haben? Wenn die das wollen, so sollen die doch selber schauen, daß sie dazu kommen. Sie ereifern sich hier für etwas, das ursprünglich gar nicht Ihr Anliegen war.
Ich: Ja, da haben Sie recht, das scheint mir bedenkenswert.

Das Zwiegespräch hatte mich in diesem Beispiel zu einer Erkenntnis geführt, die eigentlich schon im Traum enthalten war, die ich aber nicht realisierte. Das Gespräch hat sie für mich kenntlich gemacht. Das muß nicht immer der Fall sein. Gelegentlich kommen auch neue Informationen hinzu.

Dasselbe können Sie auch mit Papier und Bleistift machen. Halbieren Sie das Blatt Papier mit einem Strich. Die linke Hälfte ist für Ihre Fragen reserviert, die rechte für die Antworten und Gegenfragen der Traumfigur. Notieren Sie sich Ihre erste Frage an die Traumfigur und horchen Sie in sich hinein, welcher Gedanke als Antwort kommt. So kann der Dialog beginnen und weiter geführt werden.

Abgesehen vom Wissenszuwachs gewinnt der Träumer für zukünftige Träume auch einen erweiterten Handlungsspielraum. Er kann mit der Zeit aktiver auf Traumgestalten zugehen und bewußter mit ihnen umgehen. Er muß sie nicht einfach so hinnehmen, wie sie im Traum gerade erscheinen. Es hat sich gezeigt, daß ein solches imaginiertes Verhalten mit der Zeit wie ein Modell wirkt, das auf die Träume übertragen wird. Der Träumer agiert und reagiert dann umsichtiger und bewußter im Traum. Einen weiteren Erfahrungszuwachs gewinnt der Träumer, indem er sich auf eine gewisse Weise mit der Traumgestalt identifiziert. Er verläßt das Traum-Ich, aus dessen Perspektive der Traum erlebt wurde und versetzt sich in die Traumgestalt und somit in eine neue Perspektive. Wenn man annimmt, daß die Traumgestalten eher bewußtseinsferne Aspekte der eigenen Seele darstellen, so führt die Identifikation mit einer solchen Figur zum ersten Schritt in der Integration ihrer Eigenschaften.

Es soll auch erwähnt werden, daß solche Dialoge nicht nur mit menschlichen Traumfiguren geführt werden können, sondern auch mit Tieren, Pflanzen, Ungeheuern, Sachen und Energien (Feuer, Wasser, Wind, Wetter, Gefühle, Elektrizität etc.). Im Reich der Träume und der Tagträume gelten andere Gesetze – nur die eigene Phantasie setzt ihnen Grenzen. Diese Freiheit macht ihr großes schöpferisches Potential aus. In ihr können neue Erfahrungen gemacht werden, die in der physischen Welt nur schwer oder nicht möglich sind.

Einige dieser Gesetze sind: Man kann in der Welt der Phantasie und des Traumes nicht wirklich sterben. Man kann zum Beispiel wohl erschossen werden und hinfallen, wenn es aber zu langweilig wird, steht der Träumer wieder auf oder tritt in eine neue Szene ein. Man kann auch nicht wirklich verletzt werden, eine Wunde existiert nur so lange, wie man sein Bewußtsein auf sie richtet. Man kann in dieser Welt ohne Hilfsmittel fliegen, rein durch Gedanken und Wunschkraft. Phantasieinhalte sind oft assoziativ miteinander verknüpft und nicht durch Logik verbunden. Eine assoziative Verknüpfung entsteht durch Ähnlichkeiten, Unterschiede, Gefühle und/oder Erinnerungen. Die eigenen Vorstellungen und Befürchtungen gestalten die Traumwelt. Furcht erzeugt Angreifer, Zuneigung erzeugt freundliche Begegnungen. Wenn Sie Ihre Furcht überwinden können, wird es wahrscheinlich, daß bedrohliche Gestalten zugänglicher werden oder keine wichtige Rolle mehr im Traum spielen.

Ein Spezialfall des Zwiegespräches mit Traumgestalten ist das Streitgespräch mit dominanten Traumfiguren.[22] In den Träumen beinahe jeden Träumers kommen sie vor und bedrängen das Traum-Ich oder zwingen ihm Dinge auf, die es nicht will. Das Traum-Ich verliert dabei die Freiheit zu handeln und sich zu entfalten. Diese Gestalten können seelische Kräfte versinnbildlichen, die auch das wache Ich hemmen und einschränken. Man kann die dominanten Traumfiguren in zwei Kategorien aufteilen: die einen sind die wilden und kräftigen Wesen, Naturgewalten, Ungeheuer, Mörder etc., die anderen autoritäre Figuren wie Eltern, Lehrer, Priester und Vorgesetzte. Erstere dürften eher innere Bedürfnisse, Gefühle, Wünsche und Triebe darstellen, letztere die ethischen, moralischen und sozialen Einstellungen. Erstere sind überwältigend, letztere haben immer Recht. Bei beiden ist das Traum-Ich im Nachteil. Bei allen diesen Traumgestalten ist es wichtig, daß der Träumer sich diesen Gestalten stellt und sie in einen Disput verwickelt. Er sollte nicht locker lassen, bis das Gespräch in gegenseitigem Verständnis, mit einem Kompromiß oder mit einem Sieg des Traum-Ichs endet. Das kann unter Umständen ein recht langwieriges und mühsames Unterfangen werden, da der Gegner alle Tricks anwendet und sich stur stellt, um den Träumer von seiner Selbstbehauptung abzubringen und ihm seine Gesetze aufzuzwingen.

Es ist zum Beispiel wichtig, den autoritären Figuren zu zeigen, daß sie nicht fehlerfrei sind. Dadurch verlieren sie ihren absoluten Standpunkt. Es schwächt ihre Autorität beträchtlich, nicht im Recht zu sein. Der Träumer muß also herausfinden, wo deren Schwächen sind und so schonungslos gegen sie vorgehen, wie die autoritären Traumfiguren gegen das Traum-Ich vorgegangen sind. Es kann also durchaus zu heftigen und wüsten Phantasiestreitereien kommen, die bis zum Ende ausgefochten werden müssen. Vor einigen Jahren hatte ich folgenden Traum:

Ein arroganter Facharzt wollte mir sagen, mein Dünndarm sei nicht in Ordnung, man müsse operieren. Ich weigerte mich schlichtweg. Er fragte mich höhnisch, ob ich religiös sei.

Beim Aufwachen ärgerte ich mich über seine Überheblichkeit und Arroganz. Da wollte ich etwas richtigstellen. Das Zwiegespräch schien mir die geeignete Methode zu sein. Ich setzte mich mit Papier und Bleistift hin und notierte mir folgenden Dialog:

Ich: Wieso kommen Sie auf die Idee, ich sei religiös?
Arzt: Weil die religiösen Leute immer irrationale Gründe und Motive anführen, warum sie etwas tun würden und warum nicht.
Ich: Was ist denn für Sie irrational, und warum halten Sie Irrationalität für minderwertig?
Arzt: Irrational ist, wenn sich z. B. die Patienten nicht an die Weisungen des Arztes halten, obwohl der Arzt viel mehr über die körperlichen Zusammenhänge weiß als der Patient und darum zu einer vernünftigeren Entscheidung kommt.
Ich: Sie behaupten also, daß der Arzt aufgrund seines größeren Wissens wahrscheinlich mehr zum Wohl seines Patienten beitragen kann als der Patient selber? Wie steht es nun aber mit den Ärzten, die unnötige Operationen ausführen, die möglicherweise nachträglich zu Komplikationen führen? Glauben Sie, das einzige Motiv für ärztliches Handeln sei in rein medizinischen Überlegungen begründet? Ich bin der Meinung, daß wichtige Motive für ärztliches Handeln finanzieller Gewinn oder Prestige sind, und diese Motive haben nichts mit dem Wohl des Patienten zu tun.
Arzt: Sie unterstellen mir also, ich sei nicht in der Lage, von meinem persönlichen Wohl zu abstrahieren, um das Wohl des Patienten im Auge zu behalten. Sie sagen also, es gehe mir nur darum, mich zu bereichern? Das ist eine Unverschämtheit.

Ich: Ich behaupte, Ihre wissenschaftliche Ausbildung mit der dazugehörigen Abspaltung der Gefühle und des Beziehungsaspektes führt zu Ihrer Blindheit für Ihre persönlichen Motive bei Ihrer Berufsausübung.
Arzt: Das ist psychologischer Unfug, auf den ich nicht einzugehen bereit bin.
Ich: Ich möchte Sie darauf aufmerksam machen, daß meine Argumente auf wissenschaftlichen Untersuchungen beruhen, die sie als rational bezeichnen würden. Rationalität scheint für Sie nur gültig zu sein, wenn Sie Ihre Weltsicht bestätigt. Aus meiner Sicht ist Rationalität ebenso eine Religion wie andere auch, an deren Unbestechlichkeit und Wahrheit man glauben kann oder eben nicht.

Auch wenn ich die Haltung des Arztes nicht verändern konnte, so hatte er seine absolute Autorität verloren, da ich ihm (und mir) zeigen konnte, daß er bis zu einem gewissen Grade genauso subjektiv handelte wie alle andern Menschen auch und daß sein Gerede von objektiven und rationalen Kriterien relativ war. Ich konnte also mit diesem Zwiegespräch die Gültigkeit meiner Entscheidung gegenüber einer Fachautorität durchhalten, was deren Position schwächte und meine stärkte. Solche Zwiegespräche verhelfen dem Traum-Ich zu mehr Autonomie und Handlungsfreiheit, die nicht durch irgendwelche Autoritäten und angeblich überlegene Argumente beeinträchtigt und gehemmt werden können. In der Regel haben diese Autoritäten die »Schweigende Mehrheit«, den Zeitgeist und eine starke Lobby hinter sich, was die Sache für das Traum-Ich oder den Träumer nicht leichter macht. Häufig fließen solche Dialoge nicht einfach vor sich hin. Es braucht nach jeder Rede eine gewisse Zeit, bis die Gegenrede formuliert ist. Ein solches Zwiegespräch kann emotional durchaus den Charakter eines zähen Kampfes um Dominanz und Unterwerfung annehmen.
Bei Ungeheuern, wilden Tieren oder anderen archaischen Kräften ist die Vorgehensweise anders. Diese müssen zuerst um jeden Preis in ihrem aggressiven Angriff gestoppt werden. Mit dem Be-

ginn eines Dialogs signalisiert der Träumer als ersten Schritt schon eine Bereitschaft, sich dem Problem zu stellen. In der Regel verhalten sich dann die Traumgestalten in einem Zwiegespräch weniger aggressiv, sie gehen auf den Dialog ein. Wichtig ist es für den Träumer herauszufinden, aus welchen Motiven der Angreifer handelt. Sind ihm diese bekannt, so können meist andere Wege gefunden werden, wie die Bedürfnisse sowohl des Aggressors wie auch des Träumers halbwegs befriedigt werden können.

In diesem Zusammenhang möchte ich noch auf eine andere Erfahrung mit Angreifern hinweisen. Ich bin als Jugendlicher jahrelang ins Judo-, später als Erwachsener ins Aikidotraining gegangen. Durch das häufige Üben und Automatisieren von effektiven Wurftechniken wurden diese Verhaltensweisen auch in die Träumen übernommen. So habe ich schon einigen Traumbösewichten das Fliegen beigebracht. Diese Erfahrung weist darauf hin, daß die Aussage der Kampfsportvereine, Kampfsporttraining mache generell sicherer, insofern wahr ist, als der Kämpfer nicht nur auf physischer, sondern vor allem auch auf symbolischer und geistiger Ebene schwere Auseinandersetzung zu seinen Gunsten entscheiden kann. Für Leute mit häufigen Angst- und Verfolgungsträumen ist unter anderem ein Selbstverteidigungskurs durchaus sinnvoll. Es ist wichtig, nicht nur zu erkennen und zu wissen, wie ein Gegner bezwungen werden kann. Die Bewegungsfolgen müssen auch geübt werden, bis sie zur Gewohnheit und zum automatischen Reflex geworden sind. Wenn man sich auf einige Techniken beschränkt, so sollte etwa mit einem Jahr gerechnet werden. Einige Selbstverteidigungskurse für Frauen zielen insbesondere darauf ab, deren Aggressionshemmung abzubauen. Auch dies kann für das Traumleben sehr sinnvoll sein.

Das Wiedererleben des Traumes

Wie schon erwähnt, liegen die Phantasien und Tagträume des wachen Ichs den nächtlichen Träumen am nächsten. So ist der Schritt, die Phantasie im wachen oder halbwachen Zustand zu benutzen, um in eine direkte Auseinandersetzung mit dem Traumgeschehen und dessen Figuren zu treten, nicht mehr groß. Aus meiner Sicht gibt es drei Motive, um wieder in das Traumgeschehen einzutreten: Der Traum wirkt unvollständig, der Traum nimmt einen unbefriedigenden Verlauf, der Traum wird als Rohmaterial benutzt, um andere Verlaufsvarianten und Wahrscheinlichkeiten zu erkunden und erproben.

Wie wir schon bei der Traumerinnerung bemerkt haben, kommt es öfter vor, daß wir bloß Traumfragmente ins Tagesbewußtsein hinüberretten können. Wie aber erkennen wir, ob ein Traum mehr oder weniger vollständig erinnert wird oder nicht? Da der Traum vollständig in der subjektiven Erlebniswelt liegt, gibt es dafür keine objektiven Kriterien. So bleibt allein das subjektive Gefühl der unvollständigen Gestalt als Richtmaß für die Beurteilung übrig. Das kann für Träumer, die sich sonst sehr nach äußeren Maßstäben richten, befremdlich und verunsichernd sein. So gilt es, in der Traumwelt seinen eigenen Urteilen, Gefühlen und Intuitionen vertrauen zu lernen. Das kann ein Prozeß sein, für den einzelne Menschen längere Zeit benötigen. Fehlt dieses Vertrauen, so wird zum Beispiel auch das Zwiegespräch mit Traumgestalten unglaubwürdig und zu einem wertlosen und beliebigen Phantasiegebilde, das keine Realität besitzt.

Begeben Sie sich also in der Phantasie nach einer kleinen Entspannungs- und Konzentrationsübung wieder in Ihren Traum, versuchen Sie ihn sich so gut wie möglich zu vergegenwärtigen und vollziehen Sie die Handlungen und Erlebnisse bis zum Abbruch nach. Das unvollständige Ende muß durchaus nicht am

Ende des Traumes liegen. Der Traum kann auch einen unklaren Anfang haben, der der Vervollständigung bedarf. Fragen Sie sich darauf, wie es wohl weitergehen könnte, oder wie es wohl zu dieser Situation gekommen ist, und warten Sie auf eine Idee. Diese kann als visuelles Geschehnis oder als abstrakter Gedanke auftauchen. Sie können auch aktiv als Traum-Ich oder als eine andere Traumfigur die Handlung nach eigenem Gusto fortführen. Das Ziel ist, die Handlung zu einem sinnvollen Ende zu führen oder zu mehr Informationen über das Traumgeschehen zu kommen. Notieren Sie sich nachträglich die Erlebnisse, und setzen Sie sich kritisch damit auseinander. Meiner Meinung nach ist die Frage müßig, ob die Phantasie dem tatsächlichen Traum, wie er in der Nacht geträumt wurde, entspricht. Es kann sein, daß tatsächlich weitere Erinnerungen an den Traum auftauchen, muß aber nicht. Das erschaffene Phantasieprodukt hat genauso seine Gültigkeit wie der tatsächliche Traum, da es der gleichen Quelle, nämlich Ihrer Individualität und Eigenart entspringt. Diese phantastische Ergänzung des Traumfragmentes kann auf die gleiche Weise wie ein Traum bearbeitet werden.

Falls Sie den Traum wiedererleben wollen, weil er einen für Sie unbefriedigenden Verlauf genommen hat, ist die Vorgehensweise ähnlich. Vielleicht lohnt es sich, zuerst den Traum mit anderen Methoden zu bearbeiten und zu verstehen. Es könnte durchaus einen tieferen Sinn haben, daß die Traumhandlung in einer solchen Weise stattgefunden hat. Bleibt der Änderungswunsch, so versetzen Sie sich wiederum mit Ihrer Phantasie in den Traum. Verhalten Sie sich diesmal als Traum-Ich anders, woraus sich eine neue Handlungsrichtung entwickeln kann. Es ist bei solchen Phantasieübungen wichtig, ein Gleichgewicht zwischen aktiver Handlung und Gestaltung und der passiven Wahrnehmung zu finden. Es geht nicht darum, die Traumphantasie nach einem sturen und egoistischen Drehbuch zu gestalten, sondern mit einer gewissen Sensibilität auf spontane Erscheinungen und Wendungen aus dem Unbewußten zu reagieren. Nur so kann ein Dialog zwischen dem bewußten Ich und den unbewußten Anteilen der Seele entstehen. Nur so sind solche Phantasien ein kleines Abenteuer in unbekannte Gebiete, die zu einer Bereicherung der Persönlichkeit führen.[23]

Grundsätzlich soll auch beim Wiedererleben des Traumes vor der eigentlichen Phantasiereise eine kleine Konzentrations- und Entspannungsübung gemacht werden, um sich bewußt vom Fluß des täglichen Lebens zu befreien, damit die volle Aufmerksamkeit dem Phantasiegeschehen zugewandt werden kann. Andererseits besteht durchaus die Möglichkeit, einfach mit dem Schreibwerkzeug vor einem leeren Blatt zu sitzen, um eine Geschichte zu erfinden, die auf dem Traum basiert, die aber andere Wendungen nimmt als der tatsächliche Traum. Auch hier gilt es, spontane Einfälle anzunehmen und in eine schöpferische Interaktion mit der Hauptfigur der Geschichte zu bringen. Da ich zum folgenden Alptraum keine Rechtfertigung und keine Berechtigung finden konnte, beschloß ich, diesen Traum neu zu schreiben:

Ich war ein Gefangener einer Jugendgang. Aus lauter Blödsinn und Langeweile wollten sie mich und andere quälen. Ich hatte ihnen nichts angetan, aber ich war geschickt. Ich sann mir Fluchtpläne aus und ergriff auch immer wieder die Gelegenheit. Das reizte sie aber nur. In ihrer großen Überzahl fingen sie mich immer wieder ein, und ich avancierte langsam zum bevorzugten Opfer. Sie hatten gewissen Respekt vor mir, dachten sich aber auch die schlimmste Qual für mich aus, die sie aber noch nicht ausführten. Sie demonstrierten mir an Schicksalsgenossen, wozu sie fähig waren. Sie jagten diese und schlachteten sie auf gräßliche Art ab, wobei ich zusehen mußte. Wieder einmal floh ich und stand schließlich auf einem Bahnhof. Ich sah, wie die Bande mit einem offenen Güterwagen, der von einer gestohlenen Rangierlok geschoben wurde, in den Bahnhof einfuhr, um mich einzufangen. Ich verdrückte mich in den Triebwagen eines bereitstehenden Lokalzuges, der gleich darauf abfuhr. Wir wurden aber vom Rangiergespann der Bande überholt, gestoppt und gerammt. (Die Bautypen der Loks wiesen zeitlich auf die Gegenwart hin, wobei ich selber aber jünger war, als ich jetzt tatsächlich bin). Mit der Zeit wurden meine Fluchtversuche geschickter, wobei ich einmal meine zwei Verfolger in einer dunklen Abbruchbude so irreführte, daß der eine mit einer schweren Wunde, einem Loch im Bauch, seine Jagdgelüste verletzt aufgeben mußte. Der andere verhedderte sich irgendwie in einem Netz. Ich rannte weiter und lief nach langer, langer Flucht direkt dem Chef der Bande in die Arme. Ich wurde wieder gefangengenommen und mußte hinsehen, wie einige Opfer zur Hinrichtung bereitgemacht wurden, wobei das Delikate am Ereignis war, daß nicht nur die Gefangenen langsam exekutiert wurden, sondern später auch ihre Wärter, also Bandenmitglieder, die ahnungslos und erschrocken den Gangsterboß ansahen. Man schoß ihnen mit einem Colt zuerst in die Beine, bis sie zusammenbrachen, und zersiebte sie langsam, wobei man es sorgfältig mied, sie an tödlicher Stelle zu treffen. Ich erwachte ziemlich desorientiert und mit bleiernen Gliedern.

Im Angesicht dieser schrecklichen Geschichte, wo sich Sinnlosigkeit mit Zynismus und äußerster Brutalität verband, überlegte ich mir lange, was ich an diesem Traum ändern konnte. Am liebsten hätte ich ihn natürlich ungeschehen gemacht. In mir erwachte eine riesige Wut hauptsächlich gegenüber dem Anführer der Bande, der die anderen so im Griff hatte, daß er praktisch alles mit ihnen machen und unschuldige Menschen entsetzlichen Todesängsten und Todesqualen aussetzen konnte. Ein Zwiegespräch mit einem solchen Kerl interessierte mich aber nicht. Ich wollte seine Motive gar nicht verstehen, es gab für mich keine Rechtfertigung und keinen Sinn hinter diesen Taten. Ich überlegte mir, ob ich versuchen sollte, ihn zu überwältigen und gefangen zu nehmen und ihn an einem einsamen Ort einfach verhungern zu lassen. Aber das war zu riskant. So versetzte ich mich wieder in den Traum:

Ich war wiederum Gefangener der Jugendbande. Ich mußte mir ansehen, wie andere Gefangene und Bandenmitglieder auf gräßliche Weise exekutiert wurden. Der Bandenführer hatte sichtlich eine sadistische und kalte Freude an der Verzweiflung und dem Entsetzen der andern. Da immer weniger Bandenmitglieder lebendig waren, band der Anführer mich in seinem rauschhaften Übermut los, damit ich ihm helfen sollte, sein Ansinnen zu vollenden. Da ich zu einer Waffe kam, schoß ich ihm sofort in den Bauch. Er brach zusammen. Die restlichen Bandenmitglieder rannten davon, die Gefangenen waren alle tot. Ich lief ebenfalls weg und rannte ins nächste Dorf, um die Polizei zu benachrichtigen. So konnte er gefangengenommen werden und kam in Isolationshaft, da bekannt war, daß er seine entsetzliche Macht nur in Gruppen entfalten konnte.

Dieses Traumende erfüllte mich mit einer gewissen Befriedigung und einem Gefühl der Entlastung. Der Spuk war vorüber. Interessant an der Geschichte war, daß ich vor dem Eintauchen in die Phantasie die Variante verworfen hatte, den Bandenchef zu überrumpeln. Die eigene Dynamik der Geschichte ließ mich dann aber doch die Gelegenheit ergreifen, tätlich gegen den satanischen Anführer vorzugehen. Da die Phantasie eine gewisse Eigengesetzlichkeit entwickelte, ohne daß ich wiederum ein hilfloses Opfer war, konnte ich sie als authentische Variante und als Gegengewicht gegenüber dem Traum akzeptieren. Wichtig an einer solchen Phantasie ist, die Ausweglosigkeit der Handlung und die Hilflosigkeit des Traum-Ichs zu überwinden und nicht als unveränderbare Tatsache hinzunehmen.

Die Trauminkubation

Die Trauminkubation ist ein sehr altes Verfahren des Umgangs mit Träumen. Sie wurde in schamanistischen Techniken und in Initiationsriten der alten Völker[24] benutzt und hatte auch in der Antike, im Zusammenhang mit dem Heilschlaf im Tempel des Asklepios in Epidauros,[25] eine zentrale Bedeutung. Dort wurden umfangreiche Rituale und Vorbereitungen getroffen, bevor der Heilungssuchende sich in einem eigens dafür eingerichteten Schlafraum niederließ, um von Asklepios einen heilenden Traum oder zumindest Anweisungen zu erhalten, wie der Heilungsprozeß in Gang gesetzt werden konnte. Auch bei den Initiationsriten der nordamerikanischen Indianer wurde der Jüngling durch eine vorbereitende Fasten- und Gebetszeit geleitet, bevor er sich auf Visionssuche begab, die ihm zeigen sollte was seine persönliche Bestimmung und seine Funktion im Stamm sein werde.

Der Inkubationsprozeß ist bei beiden Verfahren der gleiche: Der Geist und das Bewußtsein des Träumers oder Visionssuchers wird im voraus auf ein Ziel oder Thema ausgerichtet, zu dem er einen Traum oder eine Vision haben soll. Diese Ausrichtung geschieht möglichst unter Einbezug des Glaubens, der Gefühle und der Sinne wie des ganzen Körpers. Bei den heiligen Spielen in Epidauros standen Andachtsräume, Bäder und Behandlungsräume zur Verfügung, die unter anderem den Heilsuchenden möglichst ganzheitlich auf sein Vorhaben einstimmten und seine Konzentration darauf ausrichten sollten. Für unsere Zwecke sind aber solche umfangreichen Einrichtungen und Vorbereitungen nicht nötig. Der Träumer kann das Prinzip dieses Verfahrens für den Hausgebrauch verkürzen und abwandeln.

Eigentlich haben wir die Inkubation schon bei der Steigerung der Traumerinnerung kennengelernt. Dort haben wir durch einfache suggestive Techniken erreicht, das Erinnerungsvermögen für Träume zu verbessern. Dasselbe Verfahren kann nun auch auf Trauminhalte angewandt werden. Es ist z. B. möglich, sich zu wünschen, über gewisse Themen zu träumen oder sich am Abend vor dem Einschlafen eine Frage zu stellen, auf die man in seinen Träumen eine Antwort erhalten möchte. Man kann sich wünschen, im Traum zu fliegen, einen anderen Kontinent zu besuchen oder gewisse Leute zu treffen. Auch ist es durchaus sinnvoll,

bei einer Krankheit den Heilprozeß durch entsprechende Trauminkubationen zu fördern.
Ich hatte schon viele Male die Erfahrung gemacht, daß ich am Morgen schlecht gelaunt aufwachte und mir dadurch der ganze Tag verdorben wurde. Ich wußte jeweils nicht, warum ich so mißmutig war und kam zum einzig plausiblen Schluß, die Ereignisse in meinen Traumleben müßten damit zu tun haben. So entschloß ich mich dazu, mir regelmäßig am Abend zu suggerieren, daß meine Träume meinen Körper und meine Seele heilen und aufbauen und ich in ihnen meine Probleme lösen würde. Ich hatte im Zusammenhang mit der Lektüre von »Seth«-Büchern[26] erkannt, daß das Traumleben, wenn es sich selbst überlassen wird, den eigenen positiven und negativen Glaubenssätzen, Vorstellungen und Einschätzungen folgt und diese bestärkt und bestätigt. Vor allem im Zusammenhang mit negativen Vorstellungen kann das dazu führen, daß man diesen in seinen Träumen eine ganze Nacht lang frönt, was kaum bekömmlich ist. Es ist daher kein Wunder, wenn man am nächsten Tag übel gelaunt aufwacht, nachdem in den Träumen alles schief gelaufen ist, was schief laufen konnte. Mir haben die positiven Suggestionen auf mein Traumleben spürbar geholfen. Auch wenn ich gelegentlich am Tage Sorgen und Schwierigkeiten hatte, so übertrug ich sie nicht über die Träume auf den nächsten Tag. So konnte ich jeden Tag mit ausgeglichener oder guter Laune beginnen, obwohl unter Umständen schwierige Probleme anstanden.
Es würde allerdings zu weit gehen, das Thema der eigenen Anschauungen und der positiven Autosuggestionen im Zusammenhang der Träume weiter zu erörtern, obwohl sich diese Themenkreise gut ergänzen. Die oben beschriebene Traum-Ich-Analyse eignet sich zum Beispiel gut, den eigenen positiven und negativen Glaubenssätzen auf die Spur zu kommen, die unsere Wahrnehmung und unser Verhalten sowohl in den Träumen wie auch im

Wachleben entscheidend prägen. Das Thema wird meiner Meinung nach auf ausgezeichnete und sehr differenzierte Weise durch die oben erwähnten »Seth«-Bücher,[27] die unter der Autorenschaft von Jane Roberts erschienen sind, beschrieben.

Im Gegensatz zu den früher besprochenen imaginativen Techniken versuchen wir bei der Inkubation nicht nachträglich ein Traumgeschehnis zu verändern oder zu vertiefen, sondern nehmen direkten Einfluß auf einen künftigen Traum. Andererseits können die beiden Techniken mit Vorteil verknüpft werden. Bei einer Serie von wiederkehrenden Alpträumen kann es zum Beispiel von Vorteil sein, einerseits mit einer imaginativen Technik den Traumablauf zu einem vorteilhaften Ende zu führen und andererseits sich zu suggerieren, zukünftige Träume desselben Inhalts auf diese erfreulichere Weise zu Ende zu führen. Dazu ist es sinnvoll, die Imagination während mehrerer Tagen zu wiederholen und die Inkubation während einiger Wochen vor dem Schlafengehen durchzuführen. Es kann natürlich sein, daß der Alptraum in dieser Zeit nicht auftritt und somit das Ergebnis nicht überprüft werden kann. Durch die Wiederholung des glücklicheren Ablaufs und der Inkubation dürften sich diese aber tief im Gedächtnis eingegraben haben und in Zukunft wirksam bleiben.

Für die Trauminkubation gelten generell die Gesetzmäßigkeiten, die auch für die (Auto-)Suggestion gültig sind. Eine erfolgreiche Inkubation erfordert folgende Faktoren:

- Die Autosuggestion erfolgt für wenige Minuten, am besten abends vor dem Einschlafen.
- Es wird dafür ein gewisses Maß an Konzentration auf das gewünschte Thema benötigt.
- Die Suggestion beinhaltet eine sprachliche Formulierung, die nicht zu kompliziert ist und positiv formuliert wird, z. B.: »Heute nacht fliege ich im Traum«, oder »Ich löse in meinen Träumen meine Probleme«,

oder »Warum habe ich mit der Person XY immer wieder Auseinandersetzungen wegen Nebensächlichkeiten?«

- Die Suggestion sollte mit einem positiven Gefühl der Erfüllung verknüpft werden, da sie dadurch stärker wirkt.
- Sie sollte mit einer bildlichen Vorstellung verknüpft werden. Stellen Sie sich also konkret vor, wie Sie im Traum fliegen, wie Sie problemfrei sind oder wie der Konflikt mit besagter Person abläuft.
- Eine gewisse Geduld ist nötig; Erfolge sind nicht unbedingt in der ersten Nacht zu verzeichnen. Möglicherweise ist es daher sinnvoll, solche Inkubationen über mehrere Tage oder Wochen auszuführen.
- Bei Fragestellungen ist die unter Umständen symbolische Form der Traumantwort zu beachten.

Einige zeitgenössische Autoren, die das Thema der Trauminkubation behandelt haben, beschreiben in ihren Büchern, wie die Wirkung unmittelbar eintritt und wie die Träume der nächsten oder übernächsten Nacht den Suggestionen der Inkubation folgen. Sie fügen dann Beispiele an, die mich aber gar nicht überzeugen konnten, da sie die Träume so lange (um-)interpretieren, bis sie als Reaktion oder Antwort auf die Inkubation verstanden werden können. Ich bin jedoch der Meinung, daß die Interpretation nicht allzuweit vom eigentlichen Traum wegführen soll, damit sie nicht willkürlich wirkt. Ich habe die Erfahrung gemacht, daß meine Träume eher langsam auf meine Inkubationsbemühungen reagieren, wobei sie dann aber meist recht unverblümt und direkt darauf Bezug nehmen. Eine komplizierte Interpretation war dann gar nicht mehr nötig. Es kann sein, daß es in bezug auf die Inkubationszeit und Direktheit der Träume größere individuelle Unterschiede gibt. Sie müssen also ausprobieren, wie das bei Ihnen funktioniert. Das Thema der Trauminkubation und der Autosuggestion wird uns im nächsten Kapitel über den luziden Traum weiter beschäftigen.

Teil 3: Der luzide Traum

Träumer tauchen in Mitternachts-Dickichte,
und der Mond scheint still weiter.
Die Stadt schläft.
Körper liegen ordentlich und leer, Seite an Seite.
Jane Roberts

Einführung

Luzid wird mit »lichtvoll« übersetzt und bedeutet, laut Duden, einerseits hell und durchsichtig, andererseits aber auch klar und verständlich. Diese Definition erklärt schon zu einem guten Teil, worum es sich bei luziden Träumen handelt. Es sind Träume, bei denen dem Träumer klar ist, daß er träumt, daher werden sie auch als Klarträume bezeichnet. Das Bewußtsein des Träumers ist in ihnen deutlicher – dementsprechend werden sie auch besser erinnert. Der Träumer weiß um seinen im Bett schlafenden Körper und um seine Existenz in der Welt der Träume.
Es gibt viele Variationen dieses Traumtyps. Die Spannweite reicht vom simplen Bewußtsein, in einem Traum zu sein, um diese Erkenntnis sogleich wieder zu vergessen, bis zu einem hyperwachen Zustand, indem die Wahrnehmung und die Denkfähigkeit gegenüber dem normalen Wachzustand, wie wir ihn aus dem Alltag kennen, gesteigert ist. In letzterem sind die Farben der Traumwelt fluoreszierend und leuchtend, der Verstand ist kristallscharf und das Selbstgefühl pulsierend, lebendig und intensiv. Viele der luziden Träume befinden sich aber irgendwo zwischen diesen beiden Extremen, der Bewußtseinszustand ist in ihnen in etwa so klar, wie im Wachzustand. Der luzide Zustand kann mehr oder weniger lang dauern, in ihm können Ereignisse aus dem Wachzustand gut oder weniger gut erinnert werden. Die

Realisation, sich in einem Traum zu befinden, kann zu Konsequenzen in bezug auf die Handlung des Träumers führen, oder auch nicht. Es ist nämlich möglich, im Traum den Traum bewußt zu verändern. Die Voraussetzung dafür ist, daß der Träumer um seinen Zustand weiß und sich darüber klar ist, der Regisseur des Traumes zu sein. Vor allem bei Alpträumen kann so die ganze Szenerie verändert werden, was zur Vermeidung von unnötigem Leiden führt. Eine weitere Möglichkeit besteht darin, als Traum-Ich bewußter und umsichtiger zu handeln, wodurch der Ablauf der Traumhandlung beeinflußt wird. Es ist z. B. möglich, mit einer Traumfigur in Kontakt zu treten und eine Diskussion zu beginnen, wie ich sie schon im Teil 2 im Zwiegespräch mit Traumgestalten beschrieben habe. Die Traumlandschaft kann mehr oder weniger realistisch sein. Gelegentlich ist sie so real und vollständig, daß der Träumer sich verblüfft und zutiefst erstaunt umsieht und mit großer Freude und Klarheit die Details bewundert. Wenn der Bewußtseinszustand weniger klar ist, ist nur der Teil der Szenerie deutlich, auf den man sich gerade konzentriert, der Rest ist unklar und undeutlich. Unter Umständen ist auch das Körpergefühl nicht sehr ausgeprägt – will man seine Hände oder Beine anschauen, so sind sie verzerrt oder wenig realistisch. Es gilt die Gleichung: Je bewußter und luzider der Traumzustand, desto klarer und deutlicher ist die Traumszenerie. Es gibt das eigenartige Phänomen, daß in einer realistischen Umgebung irgend etwas Unangebrachtes vorhanden ist oder etwas Unpassendes geschieht. Dieses Phänomen ist natürlich auch in normalen Träumen zu beobachten, wahrscheinlich sogar in einem erhöhten Maße. Möglicherweise ist dies ein Markenzeichen des Traumes im allgemeinen, an dem der Träumer erkennen kann, in welchem Zustand und in welcher Situation er sich befindet.

Gelegentlich erfährt der Träumer, wie er am Ende des luziden Traumes in seinen physischen Körper zurückgleitet oder wie er sich vor dem Traum von seinem Körper löst. In diesem Falle spricht man von außerkörperlichen Erfahrungen oder Astralprojektionen. Mir scheint, daß sich alle diese Phänomene zumindest vom Bewußtseinszustand her sehr ähnlich sind und zusammen mit den Nahtoderfahrungen, Erfahrungen in Trance-, Meditations- und Schockzuständen zu einer Familie gehören, die man als Bewußtseinsprojektion umschreiben könnte. Allen Erfahrungen ist das bewußte Ich gemeinsam, das sich an einem Ort erlebt, der nicht mit dem Ort des Körpers übereinstimmt. Dieser Ort kann ein physisch existierender Ort sein, der unter Umständen sogar in der Nähe des physischen Körpers ist, oder ein Ort in einer Traumlandschaft. Ist man mit dem Bewußtsein in der Nähe des physischen Körpers, so kann man ihn von außen betrachten – ein Erlebnis besonderer Art!

In diesem Buch möchte ich mich auf den luziden Traum konzentrieren, dessen Beginn in einer Traumszenerie liegt und in dem der physische Körper keine Rolle mehr spielt. Der Träumer weiß, daß sein Körper im Bett liegt, hat aber keinen direkten Kontakt mit ihm. Meist bleibt der Träumer im luziden Zustand in einer Traumlandschaft, doch es besteht grundsätzlich die Möglichkeit, sich in die physische Welt oder zumindest in deren Traumäquivalent zu versetzen, falls das vom Träumer gewünscht wird.

Die Phänomene der außerkörperlichen Erfahrung und des spontanen luziden Traumes; sowie die Technik, sie willentlich zu erzeugen, war wohl schon immer in der menschlichen Kultur bekannt. In den frühen Naturreligionen war die Fahrt des Schamanen in die Über- und Unterwelt sicherlich der Prototyp solcher Erfahrungen. Später wurde das Wissen in eingeweihten Priesterkreisen und esoterischen Zirkeln weitergegeben und gehütet. Im letzten Jahrhundert wurde dann das Know How mit dem Aufkommen der Theosophie und ähnlichen Bewegungen etwas weiter gestreut. Im Rahmen der Parapsychologie versucht man in diesem Jahrhundert, das Phänomen etwas genauer und wissenschaftlicher zu beschreiben.

An dieser Stelle möchte ich etwas detaillierter auf einen Artikel von Frederik van Eeden[28] eingehen, der 1913 erschien und in welchem er den Begriff des luziden Traumes prägte. Er beschrieb darin verschiedene Typen von Träumen, insbesondere den Klartraum, der ihn am meisten beeindruckte. Er hatte offensichtlich ein Talent für solche Erfahrungen und berichtete, zwischen Januar 1898 und Dezember 1912 insgesamt 352 Träume des luziden Typs notiert zu haben. Hier ein paar illustrative Auszüge aus seinem Bericht:

Ich träumte, ich treibe durch eine Landschaft mit kahlen Bäumen. Ich wußte, es war April und bemerkte, daß sich die Perspektive der Äste und Zweige beim Vorbeigehen sehr natürlich veränderte. Im Schlaf überlegte ich mir, daß meine Phantasie nicht imstande wäre, so ein komplexes Bild zu erschaffen oder zu erfinden.

Dies war sein erster Traum, den man als präluzid bezeichnen könnte – er bemerkte, daß etwas Erstaunliches vor sich ging, schloß aber daraus noch nicht richtig, sich in einem Traum zu befinden. Diesen präluziden Zustand trifft man häufiger in Träumen an, in denen etwas Außergewöhnliches geschieht und in welchen der Träumer in der einen oder anderen Weise merkt, etwas könne nicht stimmen oder sei zumindest eigenartig. Dieser präluzide Zustand kann als Sprungbrett benutzt werden, um vollends in einem Klartraum zu »erwachen«. Ein halbes Jahr später träumte van Eeden:

Ich lag vor meinem Studienzimmerfenster im Garten und sah durch das Fenster die Augen meines Hundes. Ich lag auf dem Bauch und beobachtete den Hund sehr genau. Zur selben Zeit wußte ich mit großer Sicherheit, daß ich träumte und auf dem Rücken in meinem Bett lag. Danach beschloß ich, langsam aufzuwachen, um zu beobachten, wie meine Wahrnehmung, auf dem Bauch zu liegen, sich in die Wahrnehmung, auf dem Rücken zu liegen verwandelte. (...) Der Übergang war wunderbar, es war, wie wenn ich aus dem einen Körper hinaus- und in den anderen hineinschlüpfte.

Van Eeden machte später diese Erfahrung häufig. In diesem Beispiel verwandelt sich der gewöhnliche Traum in einen luziden Traum und endet als außerkörperliche Erfahrung. Es ist leicht zu erkennen, wie nahe all diese Phänomene miteinander verwandt sind. Van Eeden folgerte daraus die Existenz eines Traumkörpers, in dem man träumt und in dem man die Traumwelt betritt. In einem späteren luziden Traum machte er folgendes Experiment:

Ich zeichnete mit meinem Finger, der mit Speichel befeuchtet war, ein feuchtes Kreuz auf die Handfläche meiner linken Hand, um zu sehen, ob es nach dem Aufwachen immer noch da war. Dann träumte ich, ich wache auf und fühlte das feuchte Kreuz, indem ich die linke Hand an meine Wange preßte. Viel später wachte ich dann richtig auf und wußte sofort, daß die physische Hand die ganze Zeit geschlossen auf meiner Brust weilte.

Dieser Traum zeigt, wie realistisch die Traumwelt auf den Träumer wirkt und wie er dadurch verführt wird, die Situation zu verkennen. Obwohl ich ihn als luziden Traum bezeichnen würde, ist der Träumer sich nicht ganz im klaren, in welchem Zustand er sich befindet und weiß nicht, daß sein Experiment nicht weit führen wird. Andererseits sind solche kleinen Traumexperimente sehr aufschlußreich und können eine humoristische Note aufweisen. Ein weiteres Phänomen ist das falsche Aufwachen, das sehr realistisch sein kann und in dem das Bewußtsein sich »wach« anfühlt. Es ist ein präluzider Zustand, in dem die Situation wiederum verkannt wird. Das falsche Aufwachen ist allerdings ein Phänomen, das ebenfalls häufiger vorkommt. Wenn Sie sich einige Zeit bemühen, Träume zu erinnern und sie sofort aufzuschreiben, kann es gelegentlich vorkommen, daß Sie bloß träumen, aufgewacht zu sein und den Traum notiert zu haben. Am Morgen stellen sie dann mit Bedauern fest, daß die Seiten des Traumjournals leer geblieben sind.

In einem anderen luziden Traum stand van Eeden an einem Tisch vor einem Fenster. Auf dem Tisch befanden sich verschiedene Objekte. Er war sich seines Zustandes bewußt und überlegte sich, welches Experiment er machen könnte. Er versuchte mit einem Stein in der Hand ein Glas zu zerbrechen, das er auf zwei andere Steine gelegt hatte. Es zerbrach jedoch nicht. Dann nahm er ein dünnes rotes Glas und zerschlug es mit der geballten Kraft seiner Faust, obwohl ihm klar war, wie gefährlich eine solche Tat im Wachleben wäre. Aber das Glas blieb ganz. Später, als er nochmals auf das Glas blickte, war es zerbrochen! Es erschien ihm, als ob Ursache und Wirkung keinen direkten Zusammenhang hätten und die Wirkung merkwürdig verzögert wäre. Dieser Effekt ließ in ihm die Vermutung aufkommen, er befinde sich in einer falschen Welt, die zwar gut nachgemacht sei, in der es aber doch kleine Fehler gäbe. Hier wird wiederum ersichtlich, wie es in den normalen, aber auch in den luziden Träumen zu eigenartigen Ereignissen kommen kann, die in der physischen Welt unmöglich wären. Es wäre außerdem durchaus im Bereich des Möglichen gewesen, daß van Eedens Faust problemlos durch das Glas geglitten wäre oder daß das Glas wie eine zähe Masse nachgegeben und die Faust wie Gummi umschlossen hätte. Solche seltsamen Ereignisse können als Anlaß dienen, den Träumer erkennen zu lassen, sich in einem Traum zu befindet. Sie zeigen auch, daß in der Traumwelt andere Naturgesetze herrschen, die noch zu erforschen wären. Doch gehen wir zurück in van Eedens Traum von der beinahe realistischen »Theaterwelt«. Er nahm das zerbrochene Glas und schmiß es aus dem Fenster, um zu prüfen, ob er das Klirren des aufprallenden Glases hören würde. Er hörte das Geräusch und sah sogar, wie zwei Hunde deswegen davonrannten. Er staunte dabei, wie gut diese Imitation der Welt »gemacht« sei. Dann sah er eine Weinkaraffe und kostete etwas davon. Dabei dachte er sich: »Na also, wir können in dieser Traumwelt auch willentlich Geschmackswahrnehmungen haben; das schmeckt ja genau wie Wein.« Hier wird wiederum ersichtlich, wie real die Traumwelt auf alle Sinne wirkt und welche große Verwunderung diese Erkenntnis beim Träumer auslösen kann. In luziden Träumen spielen neben der visuellen Wahrnehmung häufig auch andere Sinnesreizungen wie Gehör und taktile Empfindung eine Rolle, dies im Gegensatz zu normalen Träumen, die hauptsächlich visuelle Elemente aufweisen. Gespräche in solchen Träumen haben häufig keine akustische Qualität und können einer Gedankenübertragung gleichen.

Van Eeden erwähnte in seinem Artikel auch seine beeindruckenden Erlebnisse in luziden Träumen, in denen er durch sehr große Landschaften trieb, den außerordentlich blauen und sonnigen Himmel bewunderte und so tief berührt war, daß er seine Erfahrung nur in etwas pathetischer Weise ausdrücken konnte. Er kam darin zum Schluß, luzide Träume gingen häufig mit Erlebnissen von Bewegung einher. Er erwähnt dabei vor allem die Flugträume. Diese Schlußfolgerung kann ich aus meiner Sicht bestätigen. Neben Flugerlebnissen, die wiederum eine Eigenheit der Traumwelt sind, kommen in einem luziden Traum aber auch andere Fortbewegungsarten häufig vor oder gehen ihm voraus. Diese Bewegungen sind z. B. Fahrten mit dem Auto, der Eisenbahn oder der Straßenbahn, wobei die Bewegung durchs Fenster deutlich wahrgenommen wird und im Zentrum des Traumerlebnisses steht.

Freud kannte das Phänomen des bewußten Traumes und hatte sich dazu in seiner »Traumdeutung«[29] geäußert. Ihm schien das Phänomen des luziden Traumes jedoch zu speziell und außerordentlich, um es als wesentliches Element in seine theoretischen Überlegungen einzubeziehen. Jung ist dem Klartraum sicherlich auch begegnet. Er ging aber auf das Thema nicht ein, obwohl es in sein Konzept der »Transzendenten Funktion«[30] gepaßt hätte, in der sich das Bewußtsein des Traum-Ichs mit dem Bewußtsein des wachen Ichs vereint. Die Zeit war offenbar noch nicht reif dafür.

Erst Celia Green beschäftigte sich wissenschaftlich in ihrem Buch »Lucid Dreams«[31], welches sie 1968 veröffentlichte, mit dem luziden Traum. Ihr Verdienst dürfte es sein, dieses Phänomen für die etablierte Wissenschaft halbwegs salonfähig gemacht zu haben, ist sie doch die Leiterin des Institutes für Psychophysiologische Forschung in Oxford. Etwa zur selben Zeit wurden auch die umstrittenen ethnologischen Schriften von Carlos Castaneda[32] bekannt, in denen er unter anderem beschrieb, wie ihn sein Zauberlehrer Don Juan anwies zu lernen, im Traum die eigenen Hände zu betrachten. Natürlich war dies eine Anweisung zu luzidem Träumen. Die berühmten Bücher Castanedas hatten eine ganze Generation von Hippies bewogen, im Traum ihre Hände anzuschauen, womit das Phänomen auch in breiteren Kreisen bekannt wurde. Es folgten Bücher von Charles Tart,[33] Ann Faraday[34] und Patricia Garfield,[35] die in interessierten Kreisen ein recht großes Echo auslösten. Schließlich gelang es Stephen LaBerge[36] (Stanford University) über die Messung der Augenbewegungen während des REM-Schlafes den experimentellen Nachweis für den luziden Traum zu erbringen. Der Träumer sollte in diesem Experiment, sobald er luzide wurde, mit den Augen vorbestimmte Bewegungen machen, die mit den Meßgeräten festgehalten werden konnten. Da die Augenmuskeln zu den wenigen Muskeln gehören, die im REM-Schlaf nicht gelähmt sind, und da man wußte, daß sich die Augen während des Traumes entsprechend der geträumten Handlung bewegen, ging LaBerge davon aus, daß die Augenbewegungen als Bindeglied zwischen der physischen Welt und der Traumwelt dienen könnten. Das Experiment gelang unter der Voraussetzung, daß ein geübter luzider Träumer als Versuchskaninchen diente, der in nützlicher Frist mehrere Male unter Laborbedingungen Klarträume produzieren konnte. Seit diesem von der Wissenschaft schließlich akzeptierten Nachweis ist der luzide Traum ein Forschungsthema, das auf reges Interesse stößt.

Um das Phänomen des luziden Traumes noch etwas genauer zu beschreiben, möchte ich auf ein paar Versuche von Paul Tholey eingehen. Tholey ist Psychologieprofessor in Frankfurt und selbst ein sehr versierter luzider Träumer. Zusammen mit einer Gruppe von Psychologiestudenten, denen er das Klarträumen beigebracht hatte, führte er in den 80er Jahren verschiedene Experimente durch. Eine der Fragen, die ihn interessierte, war, ob die Traumwesen ein eigenes Bewußtsein hätten.[37] Um dieser Frage nachzugehen, wollte diese Experimentalgruppe die Traumwesen befragen oder ihnen kleine Aufgaben stellen, die ihr eigenständiges Bewußtsein untersuchen sollten. Einige der Traumfiguren waren aber nicht bereit, an den Tests teilzunehmen! Tholey mußte sich sogar mit Antworten auseinandersetzen, die sein Ansinnen in Frage stellte. So antwortete eine Traumgestalt wie folgt: *»Daß ich ein Bewußtsein habe, das weiß ich, ob Du aber ein Bewußtsein hast, das bezweifle ich, da Du so eine dumme Frage stellst!«* Wie schon früher erwähnt, können kleine Traumexperimente zu sehr verblüffenden Resultaten mit humoristischer Note führen. Aber nun zu den Versuchen: Die Traumfiguren sollten etwas zeichnen oder schreiben, das aus ihrer Sicht richtig, aus der Sicht des gegenüberstehenden Träumers aber verkehrt war. Das führte unter anderem zu folgendem Ergebnis:

Im Traum soll jetzt meine Freundin etwas schreiben. Sie schreibt sehr langsam und etwas unbeholfen ungefähr folgendes in Schreibschrift: 3ZWG. Besonders beim G sehe ich deutlich ihre Schreibbewegungen; sie steht direkt neben mir. Nachdem sie fertig ist, geht sie weiter. Ich bringe sie dazu, nochmals etwas zu schreiben; sie steht mir jetzt gegenüber und schreibt auf einer horizontalen Unterlage mit großer Geschwindigkeit aus meiner Sicht oben-unten verkehrt »Lippestr.« Ich bin tief beeindruckt. Das Schriftbild ist einheitlich und schön; es hat ein etwas eckiges Aussehen ähnlich der Sütterlinschrift. Eine nachträgliche Überprüfung ergab, daß das Schriftbild wahrscheinlich keine große Ähnlichkeit mit meinem bzw. dem meiner Freundin hatte.

Dieser Versuch legte nahe, daß die Traumfigur eine eigene Wahrnehmungsperspektive hatte. Um zu überprüfen, ob Traumfiguren ein eigenes Gedächtnis haben, fragten sie diese nach einem Wort, das dem Träumer unbekannt war:

Dann traf ich im Traum mit Tholey zusammen. Als ich ihn fragte, ob er mir ein Fremdwort sagen könnte, antwortete er: »Ich bin Nimrod.« Ich wußte aber nicht, wer Nimrod war.

Aus dem Lexikon erfuhr der Träumer, das Nimrod eine babylonische Sagengestalt war, die in die Unterwelt reiste und als erster Mensch Wissen aus Klarträumen bezog. Auch wenn dieser Versuch nicht unbedingt ein eigenes Gedächtnis der Traumfigur beweist – der Träumer konnte irgendwann einmal in seinem Leben beiläufig dem Wort Nimrod begegnet sein und es sogleich wieder vergessen haben – so zeigt es doch, daß die Traumfigur eine Erinnerung abrufen konnte, die dem Träumer nicht zugänglich war, auch wenn er damit sowohl im wachen als auch im träumenden Zustand konfrontiert wurde. Die Traumfigur gebrauchte dabei das Wort in einem sinnvollen und bedeutsamen Zusammenhang, was auf eine eigenständige intelligente Leistung schließen läßt.
Allerdings versagten die Traumfiguren meist im Kopfrechnen, insbesondere wenn Rechnungen mit einem Ergebnis über 20 gelöst werden sollten. Ich muß allerdings hinzufügen, daß andere Untersuchungen auch die mangelhaften rechnerischen Fähigkeiten des Träumers selbst gezeigt haben. Es scheint daher ein Phä-

nomen der Traumwelt zu sein, daß rechnerische Aufgaben nur auf der untersten Grundschulstufe gelöst werden können. Häufig stellt auch das Lesen eines Textes im Traum ein größeres Problem dar – es kann durchaus passieren, daß die Buchstaben davonlaufen, nicht lesbar sind oder sich die Wörter verändern. Tholey berichtet auch über folgende eigene Erfahrung:

Nachdem sich herausgestellt hatte, daß manche Traumgestalten den Klarträumer in der höheren Kunst des Träumens unterrichten können, wollte ich überprüfen, ob eine Traumgestalt das Traum-Ich während eines gewöhnlichen Traums in den Klartraumzustand versetzen könnte. Ich befinde mich im Traum auf einem Flur und rufe nach einer bestimmten weiblichen Traumgestalt, die mir in früheren Träumen häufig begegnet war. Darauf geht eine Zimmertür auf und die gerufene Frau erscheint. Ich sage zu ihr: »Kannst du mich rufen, wenn ich meinen nächsten Traum habe?« Die Frau nickte mir freundlich zu. In derselben Nacht hatte ich dann noch einen gewöhnlichen Traum, an dessen Inhalt ich mich aber nicht mehr erinnern kann. Ich weiß nur, daß ich durch einen lauten Ruf: »Paul!« geweckt wurde. Ich erschrak und rannte aus dem Schlafzimmer, um zu sehen, wer mich gerufen hatte - es war natürlich niemand da. Nachdem ich wieder eingeschlafen war, gelangte ich in einen Klartraum, in dem ich wieder der Frauengestalt vom ersten Traum begegnete. Ich sagte ihr, daß ich das Wort »rufen« nicht im wörtlichen Sinn gemeint hätte, sondern daß ich ihr damit sagen wollte, sie solle mir im nächsten Traum zur Klarheit verhelfen. In der darauffolgenden Nacht erschien mir dann die Frauengestalt während einer gewöhnlichen Traumphase und klärte mich darüber auf, daß ich mich im Traum befand.

Solche Traumbeschreibungen unterscheiden sich stark von der Beschreibung normaler Träume. Man erhält den Eindruck, daß die Traumwelt unabhängig vom Träumer existiert und von ihm betreten und verlassen wird. Die Traumperson handelt in einer eigenständigen Weise, wobei es sogar Mißverständnisse geben kann, was nicht geschehen könnte, wenn das Traumwesen kein eigenständiges Bewußtsein hätte. Tholey kommt durch seine Experimente daher zum Schluß, daß die Traumwesen ein eigenständiges Bewußtsein haben, obwohl es dafür keine harten Beweise gibt. Ob diese Eigenständigkeit im Sinne Jungs zu verstehen ist, der in seiner Theorie der psychischen Komplexe[38] beschreibt, wie diese innerhalb der Seele eine Eigenständigkeit und auch ein gewisses Maß an eigener Bewußtheit erlangen können, oder ob es sich um eigenständige Wesen handelt die außerhalb der Psyche des Träumers anzusiedeln sind, sei offen gelassen. Auf jeden Fall schlägt Tholey aufgrund dieser Erkenntnisse vor, der Träumer solle unbedingt versuchen, feindliche Traumgestalten in ein Gespräch zu verwickeln. Meist seien sie erstaunlicherweise bereit, sich auf einen sinnvollen Dialog mit dem Träumer einzulassen.

Zum Abschluß dieser Beschreibung des Klartraumes möchte ich einige meiner Erlebnisse mit luziden Träumen anfügen. Ich bin kein talentierter oder geübter luzider Träumer, doch im Laufe der Jahre haben sich einige Klarträume angesammelt. Die einen traten spontan auf, die anderen wurden durch Absicht herbeigeführt. Hier ein Traum aus den frühen 80er Jahren:

Ich war mit Freunden in Indien. Wir wohnten in einem Stadtteil an einem Abhang, ähnlich der Stadt Jammu. Vor unserem Hotel gab es eine Treppe. Als ich eines Tages zurück zum Hotel kam und die anderen gerade das Haus verließen, bemerkte ich einen großen Randstein, der sich gelöst hatte und im Wasser schwamm. Das sah gar nicht gut aus. Ich traute der Sache nicht. Plötzlich erkannte ich, daß die Treppe in der Luft hing. Alles schien sich im Untergrund verschoben zu haben, denn alles war von Grundwasser unterspült worden. Die ganze Stadt begann deswegen zu rutschen. Ich mußte in Panik in die Luft abheben, um fliegend zu entkommen. Ich hob ab und stürzte zuerst mit und über der Stadt ins Tal hinunter, ein Brausen erhob sich. Ich flog mit großer Geschwindigkeit wie ein Pfeil über die große Stadt hinweg. Alles wurde äußerst intensiv und farbig, mein Denken war ganz klar und »normal«. Ich flog über die Talsole, dann auf der anderen Seite den Hang hoch und über einen Tempel hinweg dem Himmel entgegen. Es begann zu regnen. Ich spürte die schweren und feuchten Regentropfen auf meinen Schultern. Von hoch oben schaute ich von Norden her über eine Seelandschaft, ähnlich dem Vierwaldstädtersee in der Schweiz. Alles verblaßte langsam. Ich konnte den luziden Zustand auch durch Konzentration auf die Umgebung nicht halten. Das Dröhnen wurde leiser, bis alles verstummte und ganz verblaßte. Ich war hellwach.

Da ich in jener Zeit Literatur über den Klartraum gelesen hatte,[39] war mir bewußt, in welchem Zustand ich mich befand und unternahm (untaugliche) Aktionen, um ihn zu verlängern. Allerdings hatte ich diesen Traum spontan und ohne meine Bemühung. Ich machte in mehreren luziden Träumen die Erfahrung, daß der Zustand endet, sobald ich mich länger auf etwas konzentrierte oder über etwas länger nachdachte. Es scheint mir, als ob der luzide Zustand ein gewisses Maß an Aktion verlangt. Entweder muß einiges im Traum geschehen oder der Träumer muß etwas unternehmen, damit der Zustand andauert. Wie in einigen meiner luziden Träume hängt in diesem Erlebnis der klare Zustand mit dem Fliegen zusammen. Ein Element, das mich in diesem Traum bewußt werden ließ, waren die seltsamen Ereignisse, die mich in erhöhte Aufmerksamkeit versetzten. Das andere Element war die Panik, die mir einen gewaltigen Energieschub verschaffte. Einige luzide Träume – bei weitem nicht alle – gehen mit Energiephänomenen einher, die als Dröhnen, Vibrieren, Pochen, Klirren etc. wahrgenommen werden. Verspürte ich solche Energien im Traum, so befand ich mich auch immer in einem hyperrealen und hyperwachen Zustand, in dem die Farben der Umgebung von innen her fluoreszierend leuchteten und die ganze Szenerie voller Leben pulsierte. Es gibt auch andere luzide Träume, vielleicht die meisten, die einen mehr oder weniger normalen wachen Zustand beinhalten und in denen keine Energiephänomene erkennbar sind.
Bei dem oben erzählten Traum möchte ich noch auf das Phänomen des Ausbleibens des Aufwacherlebnisses am Ende eines luzi-

den Traumes hinweisen, da der Träumer ja schon wach ist. Es ist so, als ob man von der Lektüre eines Buches hochschaut und die Umgebung betrachtet. Es ist ein simpler und unspektakulärer Wechsel der Aufmerksamkeitsrichtung. Unter Umständen ist es sogar eher ein Nachlassen der Bewußtseinsintensität und somit der Wachheit. Andererseits ist es möglich, nach einem luziden Zustand einzuschlafen oder in einen normalen Traum zurückzufallen.

Nach dem folgenden luziden Traum schlief ich wieder ein und hatte ihn auch vergessen, bis ich am nächsten Tag »zufällig« an die Stelle kam, wo der Traum stattgefunden hatte und ich mich wieder an alles erinnerte.

Ich war am Bahnübergang in der Nähe meines Wohnortes. Ein Zug fuhr langsam an mir vorbei. Ich bemerkte, daß an den Wagen irgend etwas nicht stimmte und merkte, daß ich im Traum war. Sofort schaute ich mich um. Alles war ganz real. Dann erinnerte ich mich an die Anweisung von Don Juan in Castanedas Buch und schaute meine Hände an. Es ging ohne weiteres. Allerdings waren die Arme etwas verzerrt. Verwundert wußte ich nicht, was ich nun tun sollte und fiel irgendwann wieder in den unbewußten Zustand zurück.

Auch hier war der Auslöser etwas Eigenartiges, das mich aufmerken ließ und somit den Bewußtseinszustand steigerte. Wenn ich mir meine luziden Träume anschaue, so fällt mir auf, daß mein Körper häufig keine wesentliche Rolle in meiner Wahrnehmung spielt, wie er das ja in meinem Wachleben ebenfalls nicht tut, solange er nicht krank ist oder ich mich nicht sportlich betätige. Ich nehme wohl durch meine Sinne war, aber ansonsten spielt meine Körperlichkeit keine große Rolle. In diesem Zusammenhang sehe ich auch die Arme, die etwas verzerrt und nicht ganz realistisch wirken, dies im Gegensatz zur restlichen Umgebung des Traumes. Wiederum endet der luzide Zustand, weil es an Aktion mangelt – diesmal schlief ich aber ein. Die folgenden beiden

Träume hatte ich in einer Zeit, während der ich bewußt versuchte, Klarträume zu haben.

Ich fuhr mit einer alten Zürcher Straßenbahn. Ich saß auf dem Trittbrett und genoß die Fahrt. Mir wurde bewußt, daß ich in einem Traum war und schaute mich genau um. Es war alles hyperreal und kaum zu glauben, daß das ein Traum war. Ich freute mich sehr. Für die Fahrt wollte ich nichts bezahlen, da es ja eine Traumfahrt war. Die Schaffnerin hatte dafür Verständnis.

Auch hier ist wiederum das Erlebnis der Bewegung ein zentrales Element der Luzidität. Die Freude, in einem Traum aufzuwachen, kann sehr groß sein. Häufig ergreift mich in diesem Moment ein ungläubiges und beglückendes Staunen. Das Wissen, in einem Traum zu sein und gleichzeitig die absolut überzeugende Realität der (sinnlichen?) Erfahrung zu erleben, ist ein Ereignis, welches immer noch meinen Horizont übersteigt und meine Gewißheit um eine klare und einfache Realität durcheinander bringt. Die Selbstverständlichkeit und Exklusivität der materiellen Welt ist plötzlich erschüttert. Die Freude über den luziden Zustand kann gelegentlich auch etwas außer Kontrolle geraten, wie im folgenden Beispiel:

Ich befand mich auf einer windigen Straße in der Altstadt einer Stadt. Ich wurde mir bewußt, daß ich träumte und sah alles sehr klar: die Straße, die Leute, die Autos. Seltsam war der starke Wind. Ich war hoch erfreut über meinen Zustand und im Übermut verschob ich zur Probe mit der Hand einen kleineren Postbus, der für mich aber immer noch sehr groß war. Es klappte ohne weiteres, er stand schließlich quer in der Straße. Später ging ich in einem Supermarkt in eine Parfümerieabteilung und suchte mir eine Frau zum Knutschen aus. Ich fand, nachdem ich mir einige hübsche Verkäuferinnen angeschaut hatte, eine nette Kundin und küßte sie einfach. Sie war erfreut und bald lagen wir hinter einem Tresen auf dem Boden. Doch der Traum verblaßte leider langsam.

Dieser Traum zeugt nicht gerade von einer umsichtigen Handlungsweise. Der Gefühlszustand des Träumers prägt seine Handlungsweise stärker als im Wachleben, wo allgemeine soziale Verhaltensnormen und Hemmungen eine wichtige Rolle spielen. Andererseits zeigt er, daß Erwartungen und Wünsche des Träumers sich sofort in reale Erfahrungen umsetzen. Welcher Mann möchte nicht einmal mit einer schönen Frau, wie sie in Parfümerieabteilungen häufig vorkommen, hinter dem Tresen knutschen? Die sofortige Umsetzung von Erwartungen, Wünschen und Glaubenssätzen ist ein wesentlicher Unterschied zur materiellen Welt, in der es in der Regel mehr Zeit und Bemühung bedarf, um gewisse Ziele zu erreichen, sofern die Hindernisse nicht zu groß sind. Diese Erkenntnis kann zum Beispiel nutzbringend bei Horrorträumen angewandt werden, die eine direkte Folge von Befürchtungen und Angstvorstellungen sind. Ist der Mechanismus erkannt, so kann er zur positiven Veränderung des Traumes verwendet werden.

Ich experimentierte auch mit außerkörperlichen Erfahrungen, fand sie aber schwieriger zu handhaben und verzichtete schließlich ganz darauf. Der luzide Traum scheint mir eine elegante und harmonische Methode zu sein, um seine bewußten Fähigkeiten zu steigern und das Traumleben zu kultivieren. Im nächsten Kapitel werde ich einige Verfahren vorstellen, mit denen mit einer erhöhten Wahrscheinlichkeit luzide Träume erzeugt werden können.

Wären die Tore der Wahrnehmung freigelegt, erschiene dem Menschen alles, wie es ist: UNENDLICH. Denn der Mensch hat sich selbst so eingeschlossen, daß er alle Dinge nur noch durch die enge Spalte seiner Höhle sieht.

William Blake

Methoden zur Steigerung der Luzidität

Um luzide Träume zu haben, ist es nötig, die Möglichkeit einer solchen Erfahrung zu kennen. Dies ist wichtig, um das Ziel überhaupt ins Auge fassen zu können. Es gibt Individuen, die bereits durch das bloße Wissen von der Existenz luzider Träume und durch die Lektüre ihrer Beschreibung solche Erfahrungen spontan machen. Ich glaube aber auch, daß es sinnvoll ist, nicht als blutiger Anfänger gleich mit den luziden Träumen zu beginnen. Als Voraussetzung ist die Fähigkeit wichtig, Träume zu erinnern. Es ist außerdem günstig, sich mit den eigenen Träumen auf die eine oder andere in diesem Buch beschriebene Weise für eine Weile auseinandergesetzt zu haben, um sich in dieser Welt besser zurechtzufinden und mit ihr vertrauter zu sein. Luzides Träumen hat meiner Meinung nach viel mit psychischer Energie und Aufmerksamkeit zu tun. Wenn Sie Ihre Aufmerksamkeit über einen gewissen Zeitraum den Träumen zugewandt haben, so dürfte der Schritt zum luziden Traum leichter sein, da das Traumleben gewissermaßen schon im voraus mit der Energie des wachen Bewußtseins geladen wurde.

Klarträume muß man wollen. Diese Intention, die durch einen klaren und bewußten Entschluß bekräftigt wird, sollte mit täglichen Übungen und vorbereitenden Handlungen unterstützt werden, wie sie auf ähnliche Weise schon im Kapitel der Trauminkubation beschrieben wurden. Hier sei noch erwähnt, daß sich die meisten luziden Träume in der Dämmerung am frühen Morgen ereignen, und zwar in der morgendlichen Stunde, wenn die Schwalben zu trällern beginnen und unser Geist am wenigsten durch den Körper belastet wird, wie Dante schon in seiner »Divina Commedia«[40] bemerkte. Diese günstigste Zeit der frühmorgendlichen Dämmerung war bei luziden Träumern immer bekannt. Stephen LaBerge[41] konnte zudem experimentell nachweisen, daß ein kleines Schläfchen am Morgen am geeignetsten dazu ist, luzide Erfahrungen zu machen. Er ließ dabei seine Träumer früher als üblich wecken, damit sie sich nach einer mehr oder weniger langen Wachzeit nochmals ein kleines Schläfchen genehmigten. Auch ein Mittagsschläfchen kann für luzide Träume förderlich sein. Wichtig an dieser Erfahrung ist, daß ein relativ frischer und wacher Geist mit einem müden Körper einhergeht. Der Körper schläft ein, der Geist hingegen wird im Traum eher wach. Ich habe günstige Erfahrungen gemacht, wenn ich etwa um 4 Uhr 45 für eine halbe Stunde aufstand und etwas Radio hörte oder las, nachdem ich vor 12 Uhr zu Bett gegangen war. Stand ich früher auf, war der Körper zu müde und es war eine Tortur, mich zu wecken. Stand ich später auf, konnte es geschehen, daß ich zu ausgeruht und wach war und nicht mehr einschlafen konnte. Ich glaube, jeder muß seine persönlich günstigste Weckzeit und Dauer des Wachseins selbst herausfinden.

Ein wichtiges, vielleicht das wichtigste Element für luzide Träume ist die Trauminkubation. Bei dieser wird diesmal nicht ein bestimmtes Traumthema inkubiert, sondern ein vollbewußter Traumzustand. Suggerieren Sie sich jedesmal, wenn Sie einschlafen, einen luziden Traum zu haben. Tun Sie dies am Abend oder nachdem Sie nachts nach einem Traum erwacht sind und ihn aufgeschrieben haben; nachdem Sie, wie oben besprochen, frühmorgens ein Weilchen wach waren oder vor einem Mittagsnickerchen. Damit Sie einen besseren Zugang zu Ihren Träumen haben, sollten Sie in dieser Zeit wieder regelmäßig Träume aufschreiben. Es sollte Ihnen gelingen, pro Nacht ein bis drei Träume zu erinnern.

Das volle Bewußtsein im Traum wird häufig erreicht, nachdem der Träumer durch ein eigenartiges Ereignis darauf aufmerksam geworden ist, daß da etwas »nicht stimmt«. Sie können daher Ihre Träume systematisch durchgehen, um sich solche Ereignisse zu notieren. Diese Unstimmigkeiten können als Auslöser bezeichnet werden, welche die Aufmerksamkeit auf sich ziehen und so ein kritisches Bewußtsein anregen. Es geht also darum, herauszufinden, wo solche Auslöser in Träumen zu finden sind und ob es eine Häufung von gewissen Auslösern gibt. Solche Auslöser sind z. B. Flugerlebnisse. Es mag ein solcher Auslöser sein, daß der Träumer häufig im Traum die Schulbank drückt, obwohl er im Wachleben schon lange nicht mehr zur Schule geht. Bei jedem Auslöser, den Sie in einem Traum finden, können Sie sich in Ihrem Geist vorstellen, wie Sie bei der Konfrontation mit ihm bewußt werden und für den Rest des Traumes bewußt bleiben. Außerdem können Sie sich suggerieren, bei der nächsten Konfrontation mit diesem Auslöser luzid zu werden. Diese Technik bewirkt, daß Sie mit der Zeit auch im Traum aufmerksamer werden und vermehrt auf seltsame Ereignisse achten.

Im folgenden möchte ich die Kombination dieser Techniken nochmals kurz zusammenfassen:

- Entschließen Sie sich fest dazu, in der nächsten Zeit luzide Träume zu haben. Die Entscheidung wird durch einen deutlichen Wunsch unterstützt. Ein stärkeres Bedürfnis nach solchen Erfahrungen ist notwendig. Nur einmal ein bißchen herumzuprobieren genügt nicht.
- Wecken Sie sich in der frühmorgendlichen Dämmerung für eine Weile. Machen Sie sich dies für längere Zeit zu einer Gewohnheit.
- Suggerieren Sie sich vor jedem Einschlafen, ein bis drei Träume pro Nacht zu erinnern, luzide Träume zu haben und nach jedem Traum zu erwachen, um ihn zu notieren.

- Wenn Sie nachts aufwachen und den Traum notieren, so überlegen Sie sich, wo der Traum eigenartige Elemente aufweist, die Sie daran hätten erinnern können, daß es sich um einen Traum handelt. Stellen Sie sich dabei plastisch und lebhaft vor, wie Sie im soeben notierten Traum luzid geworden sind, und versuchen Sie mit dieser Vorstellung einzuschlafen. Konzentrieren Sie sich dabei nicht zu stark, sonst fällt es Ihnen schwer, den Schlaf wiederzufinden!
- Arbeiten Sie grundsätzlich Ihre Träume durch und suchen Sie nach eigenartigen Vorkommnissen, die als Auslöser für luzide Träume dienen könnten. Damit sensibilisieren Sie sich für diese Ereignisse.

Wenn Sie dieses Programm für einige Wochen durchhalten, ist die Wahrscheinlichkeit groß, einen bis mehrere luzide Träume innerhalb eines Monats zu haben. Es gibt Leute, die durch bloße Lektüre über Klarträume zu solchen Erfahrungen angeregt werden. Andere wiederum brauchen längere Zeit der Übung, bis sie einen Klartraum haben. Ich hatte einige spontane luzide Träume, mußte mich aber auch gehörig bemühen, willentlich Klarträume herbeizuführen. Wie Sie sehen, braucht es einen gewissen Aufwand, um Resultate zu erzielen. Ich kann Ihnen andererseits versichern, daß der Aufwand nicht übermäßig ist und durchaus in den Alltag integriert werden kann, sofern der Wunsch dazu vorhanden ist. Abgesehen davon ist das Ergebnis den Aufwand wert. Ein luzider Traum ist eine recht tiefgehende und freudige Erfahrung.

In der einschlägigen Literatur sind noch weitere Verfahren zur Herbeiführung luzider Träume beschrieben. Hier möchte ich zur Ergänzung eine Methode vorschlagen, die von Paul Tholey[42] stammt. Sie verstärkt die Sensibilität für Auslöser, wie ich sie vorher beschrieben habe. Tholey nennt sie die »kritische Methode« und beschreibt sie wie folgt:

- Stellen Sie sich am Tag mindestens fünf- bis zehnmal die kritische Frage, ob Sie wachen oder träumen.
- Versuchen Sie dabei, sich intensiv vorzustellen, daß Sie sich im Traum

befinden und alles was Sie wahrnehmen – einschließlich Ihres eigenen Körpers – bloß geträumt ist.

- Achten Sie bei der Überprüfung der kritischen Frage nicht nur darauf, was augenblicklich geschieht, sondern auch auf die unmittelbare und ferne Vergangenheit. Stoßen Sie auf etwas Ungewöhnliches? Haben Sie sogar Erinnerungslücken? Traumerlebnisse setzen in ihrer Handlung sehr plötzlich ein; vor Beginn der Handlung gibt es in der Regel kein Gestern, sondern eine Lücke oder ein ganz anderes Ereignis. Nehmen Sie sich für diese Überprüfung eine knappe Minute Zeit.
- Stellen Sie sich die kritische Frage immer in Situationen, die auch für Träume charakteristisch sein könnten. Also immer, wenn etwas Überraschendes, Unwahrscheinliches oder Unvorhergesehenes geschieht.

Dieses Verfahren kann in Ergänzung zu den vorher vorgeschlagenen Techniken angewandt werden. Vielleicht ist es besser, vorerst bei den Standardübungen zu bleiben, um sich zu Beginn nicht zu übernehmen und erst später, wenn diese mit einer gewissen Routine ausgeführt werden, die kritische Methode hinzuzufügen. Es bedarf einer gewissen Übung, um während des Tages mehrmals daran zu denken, die kritische Frage zu stellen. Die zugrundeliegende Idee ist die, daß die automatisierte kritische Einstellung am Tag sich mit der Zeit auch in die Traumsituation überträgt und dort zu einem luziden Traum führt.
Dieses kritische Hinterfragen kann durch eine Realitätsprüfung ergänzt werden, wie ich sie im folgenden kurz vorstellen möchte. Wie jedes Kind weiß, soll man sich in die Haut kneifen, um zu prüfen, ob es sich um einen Traum oder um die wache Realität handelt. Leider ist diese Realitätsprüfung untauglich, da der Traumkörper wahrscheinlich gleich empfindet wie der physische Körper. Auch im Traum ist der dadurch entstandene Schmerz spürbar! Neben der Prüfung der Erinnerung, wie sie Tholey vorschlägt, können Sie auch etwas lesen, sei es eine Reklametafel, ein

paar Worte aus einem Schriftstück oder ein Kalender, eben gerade das, was zur Verfügung steht, notfalls können Sie auch auf die digitale Uhr schauen (bei analogen Uhren klappt diese Prüfung nur, wenn Zahlen drauf sind).[43] Der Witz bei dieser Realitätsprüfung ist, nach dem Lesen kurz wegzuschauen und danach das Gelesene nochmals zu lesen. Ist der Text derselbe, wird praktisch die gleiche Uhrzeit angezeigt oder sind die Ziffern noch die gleichen, so befinden Sie sich in der physischen Realität. Geschieht irgend etwas Seltsames oder ist nicht mehr der gleiche Text da, so befinden Sie sich in einer Traumrealität. Ein weiterer Test ist natürlich der Flugtest: Versuchen Sie sich vorzustellen, daß Sie langsam nach oben gleiten – wenn nichts geschieht, sind Sie in der physischen Realität, wenn Sie zu schweben beginnen, sind Sie in einem Traum. Sie können auch prüfen, ob Sie willentlich Gegenstände durch reine Vorstellung hervorzaubern oder verändern können.

Wie erkennbar wurde, sind sowohl die Traumfiguren als auch der Träumer nicht gerade gut im Rechnen. Man könnte sich also als Realitätsprüfung eine kleine Rechenaufgabe stellen, z. B. 7 x 8 = ? Leider ist das Rechenvermögen des Träumers dermaßen schlecht, daß er mit dem Ergebnis 54 durchaus zufrieden wäre und in der physischen Realität zu weilen wähnte! Überhaupt können unter Umständen all diese Realitätsprüfungen ins Auge gehen und im Traumzustand zu haarsträubenden Ergebnissen führen, die im wachen Zustand zu Heiterkeit Anlaß gäben.

Sind einmal die ersten luziden Gehversuche im Traum getan, so können Sie versuchen, kleine Experimente im Traum durchzuführen oder sich vorzunehmen, kleine Handlungen im Traum auszuführen, wie z. B. die Hände anschauen, mit jemandem reden oder fliegen etc. In der Regel führt Inaktivität zum Verblassen des Traumes – schauen Sie deshalb Gegenstände nicht zu lange an oder studieren Sie im Traum nicht zu lange an etwas herum.

Bemerken Sie das Ende des Traumes, so können Sie sich laut LaBerge einige Male um die eigene Achse drehen.[44] Vielleicht genügt es, wenn Sie einige Schritte tun oder sonst etwas unternehmen, um die Beendigung des Traumes zu verhindern. Grundsätzlich dürfte es für das luzide Traumleben förderlich sein, weitere Bücher zu diesem Thema zu lesen. Die Literaturhinweise und Anmerkungen im Anhang dieses Buches sollen dazu als Orientierung dienen.

Teil 4: Gedanken zum Wesen der Träume

Wir sind nur gekommen, ein Traumbild zu sehen,
wir sind nur gekommen, zu träumen,
nicht wirklich, nicht wirklich sind wir gekommen,
auf der Erde zu leben.
Tochihuitzin Coyolchiuhqui

Im allgemeinen Bewußtsein unserer westlichen Kultur werden die Träume als nächtliches Phantasieprodukt angesehen. Die Phantasie selbst hat in unseren Köpfen häufig keine wesentliche Bedeutung, sie ist allenfalls eine Domäne der Künstler oder sonst etwas verworrener Genies. Im harten Kampf der materiellen Realität hat sie einen geringen Stellenwert und kommt nur zum Zuge, wenn wir gezwungen sind, eine Situation zu verändern oder neuzugestalten. In der Regel siegt aber der Status Quo. Häufig wird von uns verlangt, das zu tun, was von uns erwartet wird, was wenig mit Phantasie zu tun hat. Dabei werden eigene Ideen als unpassend oder störend erlebt. Vielfach konsumieren wir abends die Phantasie anderer in Form von TV-Spielfilmen und lassen dabei unsere geistigen Kräfte baumeln. Zudem scheint uns der Zugang zu unseren nächtlichen Phantasien weitgehend entzogen zu sein. Wir legen nach einem geschäftigen Tag Wert auf unsere nächtliche Erholungszeit und verbinden unseren Schlaf keineswegs mit reichhaltigen Erfahrungsmöglichkeiten. Häufig zögern wir abends noch die Schlafzeit hinaus, weil wir das Gefühl haben, wir könnten sonst etwas verpassen. Das Resultat ist eine Schlafperiode, die wir als schwarzes Loch empfinden und einzig dazu dient, uns zu erholen und fit für die Anforderungen des nächsten Tages zu machen. Die einzige relevante Realität ist die des Tages mit seinem Wachbewußtsein. Träume werden selten erinnert – wenn doch, so sind es häufig nur deren Fragmente. Mit

wenigen Ausnahmen wirkt die Erinnerung an unsere Träume farblos, dünn und fern, weshalb wir wiederum dazu neigen, sie als belangloses Nebenprodukt unseres Lebens zu betrachten.
Die professionellen Traumdeuter früherer Zeit und die heutigen Psychotherapeuten betrachten den Traum als Ausdruck unseres Schicksals beziehungsweise unserer Seele und unserer Persönlichkeit. Sie erfassen ihn als eine Art Bildersprache, die es kunstvoll zu entziffern gilt. Die Traumsymbolbücher dienen als Wörterbücher, mit denen die geheimnisvolle Traumsprache in unsere Alltagssprache übersetzt wird. Dabei kann die Entzifferung dieser Sprache gelegentlich zu einer detektivischen Spurensuche ausarten.
Das Phänomen des luziden Traumes, wie ich ihn weiter oben charakterisiert habe, stellt aber sowohl die allgemeine Sichtweise als auch die der professionellen Traumdeuter in Frage. Die eindrückliche Realität des Klartraumerlebnisses erlaubt es nicht, den Traum weder als flüchtiges und belangloses Phantasieprodukt noch als Bildersprache aufzufassen. Im Klartraum ist der Traum Wirklichkeit. Die Welt, die der luzide Träumer erlebt, ist Tatsache. Diese Traumrealität weist einen Erlebnischarakter auf wie wir ihn aus der materiellen Welt kennen. Kein Kino, kein Fernsehen, keine 3D-Animation, kein Computerspiel und kein Theater kommt an das wirklichkeitsgetreue Erlebnis im luziden Traum heran. Einzig unser reales Leben im physischen Körper mit seinen Sinnen und allen seinen Sorgen und Freuden kann mit der Wirklichkeit im luziden Traum konkurrieren und überhaupt verglichen werden. Oft ist der luzide Traum wahrer, intensiver, realistischer und lebendiger als die physische Realität.
Die Erfahrung des luziden Traumes kann nicht mit Begriffen wie Phantasie oder Sprache befriedigend erfaßt und beschrieben werden. Im Gegenteil halte ich diese Begriffe bestenfalls für ungenügend und schlimmstenfalls für irreführend. Wenn ich mich im

Zustand des luziden Traumes an meine Realität des Wachlebens erinnere, so weist diese gelegentlich traumhaften Charakter auf! Diese Erinnerung kann genauso bruchstückhaft und wenig intensiv sein, wie wenn ich am Tag einen Traum erinnere. Vom Standpunkt des luziden Traumes aus ist das Wachleben ein Traum und der luzide Zustand ist ein Zustand der Wachheit. Es gibt eine bekannte Geschichte von einem chinesischen Weisen, der berichtet:

Ich, Tschuang Tse, träumte einst, ich sei ein Schmetterling, ein hin und her flatternder; in allen Zwecken und Zielen ein Schmetterling. Ich wußte nur, daß ich meinen Launen wie ein Schmetterling folgte und war meines Menschenwesens unbewußt. Plötzlich erwachte ich; und da lag ich: wieder »ich selbst«. Nun weiß ich nicht: War ich da ein Mensch, der träumt, er sei ein Schmetterling, oder bin ich jetzt ein Schmetterling, der träumt, er sei ein Mensch?

Aus der Sicht des luziden Traumes handelt es sich bei dieser Geschichte weder um eine Metapher noch um einen poetischen Spruch für ein Kalenderblatt, sondern um die Darstellung eines realen Sachverhaltes, da es keinesfalls klar ist, wer wen träumt, welche Realität »bloße« Phantasie und welche Welt ein Produkt einer anderen Welt sei. Der luzide Traum legt nahe, daß die Interpretation vollständig vom jeweiligen Standpunkt und jeweiligen Bewußtseinszustand abhänge. Er weist darauf hin, daß einzig der Zustand des eigenen Bewußtseins bestimmt, was Realität sei und was nicht, was Tatsache und was Phantasie. Ich möchte hier einen Traum von mir anfügen, der ebenfalls die Frage aufwirft, wer wen träumt.

Ich war in einem Hotel, welches von außen eher schlicht aussah, innen aber sehr nobel war. Eine Treppe führte hoch zum Eingang. Das Ambiente war altmodisch, und es ging hier sehr diskret und gediegen zu. Ich wohnte in einem der billigsten Zimmer in der sogenannten 1. Klasse. An einem Abend saß ich im Salon-Eßzimmer. Auch meine Eltern waren da. Sie gingen dann aber mit Leuten weg, die ebenfalls im Hotel wohnten. So legte ich mich im Salon etwas hin, da ich Zeit hatte. Bald begann es in mir zu dröhnen, es kam in Schüben. Ich wartete auf eine Vision und war enttäuscht, daß es dazu nicht kam. Nichts geschah, so setzte ich mich auf und schaute umher. Ich war plötzlich an einem anderen Ort, er sah griechisch aus und hatte helle marmorene Wände. Das Licht war sehr hell, klar und leuchtend. Die Wände waren mit Bildern geschmückt. Der Raum wirkte irgendwie religiös. Ich hatte auf einem marmorenen Bett gelegen. Auch gab es Schriften an der Wand. War ich in einem Schlaf- und Traumtempel und hatte soeben einen Traum von einem Hotel? Irgendwie verblaßte diese Wachheit – ich war dann wieder im Hotelsalon, wo ich immer noch lag. Das wurde von einem Angestellten entdeckt. So schlich ich möglichst unauffällig davon. Ich wurde trotzdem vor den Manager zitiert, der mir sagte, daß ich gehen müsse. Ich war bereit und wollte zurück ins Zimmer, um zu packen. Ich fand es aber nicht mehr, das Hotel war plötzlich viel komplizierter. Es war ein riesiges Gebäude, indem es zusätzliche Etagen mit kranken Leuten hatte: Tuberkolosekranke, Schwachsinnige und andere. Ich ging durch all diese Räume und war schließlich draußen. Ich mußte über die Treppe wieder hinein, um meine Sachen zu holen und an der Rezeption zu bezahlen. Jemand schenkte mir noch 50 Franken. Ich schaute nach, ob ich genügend Geld hatte, um zu bezahlen. Ein Mann an der Rezeption wußte um meine Lage und benahm sich sehr aufdringlich. Ich wußte nicht, wie viele Tage ich im Hotel gewesen war und wieviel ich zu bezahlen hatte. Sicherlich war das aber irgendwo aufgeschrieben. Alle anderen Leute an der Rezeption waren sehr nett zu mir.

Als ich nach diesem Traum aufgewacht war – diesmal in meinem vertrauten Bett – kam es mir vor, als ob mitten im Traum der Film gerissen sei und für ein Moment das Licht im Vorführungssaal angegangen war, bevor die Vorführung fortgesetzt wurde. Wer hat hier welchen Traum geträumt und wer ist aus welchem Traum wo aufgewacht?
Die Eigentümlichkeit eines Bewußtseinszustandes scheint zu sein, daß er alle anderen möglichen Zustände mehr oder weniger ausblendet. Erlebnisse aus anderen Bewußtseinszuständen werden schlecht oder gar nicht erinnert. Dieses Phänomen ist auch

im Zusammenhang mit einem schweren Alkoholrausch bekannt. In nüchternem Zustand kann sich der verkaterte Trinker an nichts mehr erinnern – erst wenn er wieder einen vergleichbaren Alkoholpegel aufweist, ist ihm die verschüttete Erinnerung abermals zugänglich. Daraus kann geschlossen werden, daß unsere Beurteilung des Traumes, des Wachzustandes und der Realität ausschließlich vom Zustand unseres Bewußtseins und von der Funktionsweise unseres Gedächtnisses abhängt. Unser Wachleben ist möglicherweise wie unser Traumleben ein Ausschnitt aus einem Bewußtseinsspektrum, dem wir unsere volle Aufmerksamkeit schenken und daher das restliche Spektrum ausblenden.[45] Der Mensch scheint ein Bewußtseinsspezialist zu sein, der sich auf einen Bewußtseinsbrennpunkt konzentriert – kein Bewußtseinsgeneralist. Es kann unter Umständen ein großer Fehler sein, das in verschiedener Beziehung nützliche und wichtige Spezialistentum als ganze Realität zu verkennen.

Wenn wir die Welt und die Realität des luziden Traumes oder überhaupt des Traumes im allgemeinen akzeptieren, so können wir versuchen, die Gesetzmäßigkeiten dieser Traumwelt, dieses Traumuniversums zu beschreiben und mit der wachen Realität, dem materiellen Universum vergleichen. Der konstituierende Faktor im Traumuniversum ist wahrscheinlich die eigene Seele. Die Welt des Träumenden spiegelt sein Wissen, seine Erinnerungen, seine Wünsche, seine Befürchtungen, seine Erwartungen und seine Vorstellungen wieder. Alle Erscheinungen im Traum scheinen demnach Projektionen des eigenen Geistes zu sein. Das Interessante daran ist jedoch, daß diese Projektionen keineswegs trughafte Bilder und Phantasmen sind, sondern eine eindrückliche und unumstößliche Realität darstellen und offensichtlich Eigenständigkeit besitzen. Dabei wird in unserer westlichen Kultur die Größe der Seele und deren enorm schöpferische Fähigkeiten bei weitem unterschätzt.

Doch zurück zu den Gesetzmäßigkeiten: Raum scheint in diesem Universum kein konstanter Faktor zu sein – wohl sieht der Träumer eine räumliche Anordnung, wie er sie im Wachbewußtsein kennt, er kann diesen Raum durchschreiten und durchfahren – aber er kann auch die Perspektive in diesem Raum wechseln oder den Raum verlassen, ohne sich zu bewegen. Das Bedürfnis schafft in einem Augenblick die Veränderung. Daher können Träume gelegentlich unzusammenhängend und sprunghaft wirken. Dasselbe ist hinsichtlich der Zeit zu sagen. Die Zeit kann im Traum ähnlich erlebt werden wie im Wachen, sie kann aber auch eine untergeordnete Rolle spielen und scheint sehr von der Intensität des Erlebnisses abzuhängen. Sprünge in der Zeit rückwärts sind ohne weiteres möglich und werden nicht als ungewöhnlich empfunden. So kann der Traum bei einem eindrücklichen Erlebnis beginnen und in der Folge zurückblenden, um die vorausgehenden Ereignisse, die zu diesem Schluß führen, aufzuzeigen. Ich hatte auch schon, wie früher geschildert, parallele Träume, bei denen ich den bestimmten Eindruck hatte, sie würden gleichzeitig ablaufen, obwohl sie völlig unterschiedliche Handlungsabläufe enthielten, die vordergründig nichts miteinander zu tun hatten. Raum und Zeit scheinen im Traum nur zu existieren, damit sie dem Träumer einen bekannten und vertrauten Bezugsrahmen abgeben. Weil die Existenz des Menschen nur innerhalb der Kategorien von Raum und Zeit möglich scheint, erschafft er diese im Traum. Die Erwartung erzeugt die Realität.
Ich kenne eine besondere Art von Träumen, bei denen ich langsam erwache und das »dreidimensionale« und lebendige Geschehen dabei langsam zu einer Art Erzählung verflacht, die in meinen Gedanken selbständig vorangetrieben wird. Ich kann diesen autonomen Gedanken einfach »zuhören«. Das Besondere dabei ist, daß ich, ähnlich wie im luziden Traum, über meine wache Urteilskraft verfüge und die Traumhandlung in ihrer Entstehung

studieren kann. Die Ereignisse nehmen dabei nicht einen linearen Verlauf, sondern dehnen sich kreisförmig in der Zeit aus, wobei sie von der unmittelbaren Gegenwart ausgehen. Das Geschehnis in der Gegenwart erzeugt dabei die geeigneten Erwartungen des Traum-Ichs, den geeigneten Raum, aber auch die dazu passende Zukunft und Vergangenheit. Treten neue Elemente in den aktuellen Handlungsverlauf, so wird die Vergangenheit und auch die Zukunft entsprechend angepaßt. Die vorausgegangenen Vergangenheiten und Zukünfte sind zu bloßen Möglichkeiten verkommen. Diese Entwicklung der Ereignisse im Traum stimmt überhaupt nicht mit unserer Vorstellung von der kausalen Abhängigkeit von Vergangenheit, Gegenwart und Zukunft überein. Im Traum ist das aber eine ganz natürliche und harmonische Ereignisweise, die vom Träumer ohne weiteres akzeptiert wird.

Zu den Gesetzmäßigkeiten des Traumes gehört es ebenfalls, daß die Schwerkraft nur dann existiert, wenn der Träumer sie voraussetzt – tut er dies nicht, so kann er fliegen. Der Träumer kann unter Wasser atmen, sofern er nicht Erfahrungen aus der materiellen Welt auf die Traumwelt überträgt. Tut er es, so muß er mit Erstikkungsgefühlen kämpfen. Der Körper des Träumers scheint nur zu existieren, wenn er als Form und Erfahrung benötigt wird. In vielen Träumen hat der Träumer keine Vorstellung oder Empfindung von seinem Körper, er ist bloßes, wahrnehmendes und handelndes Bewußtsein. Wie schon erwähnt, scheint die realistische Ausgestaltung des Erlebnisses auch vom Bewußtseinszustand abzuhängen. Je intensiver der Bewußtseinszustand, desto realistischer ist die Traumumwelt. Der Träumer kann körperlich verletzt werden, wenn diese Erfahrung wichtig ist – die Verletzung kann weh tun oder auch nicht. In der Regel hat sie aber keine Dauer, sie verschwindet, sobald andere Ereignisse in den Vordergrund des Bewußtseins drängen. Dasselbe gilt für das Traumerlebnis des

Todes. Materie kann im Traum verschiedene Eigenschaften aufweisen. Eine Wand kann hart oder weich sein, der Träumer kann durch sie hindurchgehen oder an ihr abprallen. Glas kann sich wie Plastik verhalten und Luft kann Gestalt annehmen. Daraus läßt sich schließen: Je bewußter sich der Träumer in seinem Traum bewegt, desto besser ist er in der Lage, klare Entscheidungen zu treffen und bewußt seine Träume zu gestalten. Er kann nicht nur sein Verhalten bewußt steuern, sondern die ganze Realität verändern. Sind ihm die oben erwähnten Gesetze im Traum bewußt, so hat er eine große Freiheit in der Wahl und der Gestaltung des Traumes, da er nicht an die Gesetze des physischen Universums gebunden ist.

Meine Thesen lassen vermuten, das Traumuniversum sei völlig subjektiv und der Träumer alleine wie in einem Kokon von seiner Traumwelt umschlossen. Alle Wesen, denen er begegnet, seien Produkte seiner Psyche. Sie mögen wohl eigenständig sein, doch sind sie der träumenden Seele entsprungen. Dies scheint jedoch nicht immer so zu sein – in der einschlägigen Literatur wird gelegentlich beschrieben, wie zwei Träumer denselben Traum hatten,[46] in dem sie sich trafen, den sie aber aus der eigenen Perspektive erlebten. Es scheint also möglich zu sein, Träume mit anderen Träumen zu synchronisieren.

Wie wäre es, wenn unsere physische Realität ein solcher universaler, ziemlich gut synchronisierter Traum sei, der von allen bewußten Lebewesen zugleich geträumt würde? Man könnte daraus erwachen – oder nicht? Es wäre interessant herauszufinden, ob die intensive Beschäftigung mit Träumen zum Erwachen führt.

Wie Sie aus den Schilderungen und Anweisungen dieses Buches entnehmen können, beinhaltet die Welt der Träume ein sehr weites Gebiet, das auch weltanschauliche Implikationen hat. Sie bietet Stoff für jahrelange Erkundungen. Der erste Schritt dazu ist

die Bemühung, Träume besser zu erinnern und ihnen einen wichtigeren Platz im Alltag einzuräumen. Dies ist meiner Meinung nach ein lohnendes Unterfangen, da die eigenen Erfahrungs- und Erlebnismöglichkeiten erheblich ausgedehnt werden. Ein spielerischer Zugang, der sich nicht allzu stark an Dogmen und an vorgefaßte Lehrmeinungen anlehnt, und eine gewisse Ausdauer scheinen mir am besten geeignet zu sein, um diesen Zutritt in die Welt der Träume zu erlangen.
Ich möchte das Buch mit einem kleinen Klartraum abschließen:

Ich sollte Tram bzw. S-Bahn fahren, aber immer war ich auf dem falschen Bahnsteig, oder der Zug fuhr gerade ab. Schließlich fuhr ich mit einer Bahn, in der Hoffnung, in einem anderen Bahnhof einen anderen Zug zu erwischen, der mich an den gewünschten Ort bringen sollte – aber ich kam immer weiter vom Ziel ab. Schließlich war ich in den Schneebergen. Ich gab auf. Es wehte ein schöner Wind, was mich auf die Idee brachte, zu fliegen. Es ging in der Tat sehr gut und ich glitt wie eine Bergdole mit großem Vergnügen über Abhänge und steile Felswände. Mir wurde mein traumhafter Zustand klar und ich genoß ihn, den freien Flug sowie die wundervolle Szenerie in vollen Zügen.

Anhang

Die Statistiken von Calvin Hall

Im folgenden möchte ich einige Daten von Calvin Hall[48] zu Orten, Gefühlen und Personen, die in Träumen vorkommen, vorstellen.

In der folgenden Statistik ist mit Wohnort jedes bewohnte Gebäude gemeint: eine Wohnung, ein Hotel oder ein Wohnhaus. *Reise* beinhaltet alle Transportmittel vom Fahrrad, über das Boot bis zum Flugzeug, dazu gehören auch Stationen, Bahnhöfe und Flughäfen. *Natur* beinhaltet alle natürlichen Gebiete wie Wälder, Täler, Berge, offenes Land, aber auch Bäume, Felsen usw. *Region* bezeichnet jeden Platz, der durch menschliche Absicht begrenzt wurde, z. B. Städte, Stadtteile, Länder, Regionen, aber auch Plätze, Parks, Friedhöfe, Bauernhöfe usw. Die *Straße* beinhaltet alle Arten von Straßen und Schienen. *Arbeit* bezeichnet alle Gebäude, in denen gearbeitet wird, eingeschlossen Schulen. Die Kategorie *Freizeit* beinhaltet alle Orte des Sports, der Unterhaltung und des Vergnügens, wie z. B. Stadien, Theater, Restaurants und Bars. Der Begriff *Institutionen* bezeichnet öffentliche Gebäude wie Verwaltungen, Kirchen, Krankenhäuser, Gefängnisse etc.

Es scheint mir verständlich, daß Frauen mehr vom Wohnort träumen, wenn man berücksichtigt, daß die Hausfrau früher mehr zu Hause war als der Mann. Es weist ebenfalls auf die traditionelle Rollenverteilung hin, wenn der Mann mehr von Aufent-

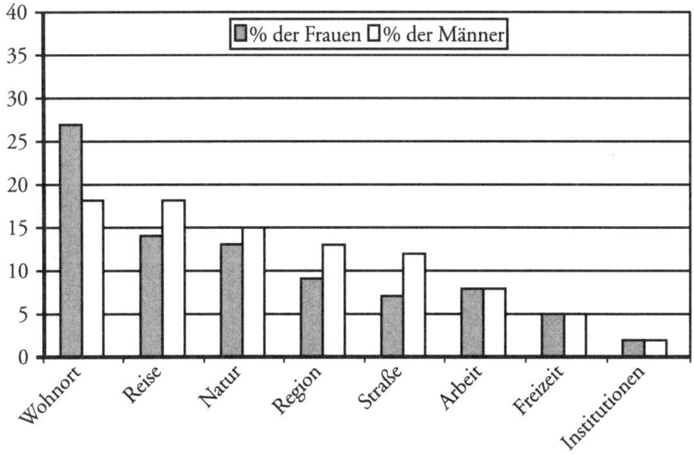

Statistik Traumorte

haltsorten draußen träumt, da er mehr unterwegs ist. Erstaunlich scheint mir der relativ geringe Anteil von Männern, die von Arbeitsorten träumen. Wie würde eine solche Untersuchung heute aussehen? Wo lägen Ihre Schwerpunkte? Da ich an meinem Wohnort sowohl wohne als auch arbeite, träume ich deutlich mehr von Wohnorten als der Durchschnitt der Männer, jedoch etwas weniger als Frauen.

Unter *Besorgnis* versteht Hall im folgenden Diagramm Gefühle der Angst, des Schuldbewußtsein und der Scham, von der diskreten Besorgnis bis zur schweren Panik. *Verwirrung* ist eigentlich nur teilweise eine Emotion, zum andern Teil jedoch ein mentaler Zustand und beinhaltet Unsicherheit, Unentschiedenheit, Befremdung, Sprachlosigkeit etc. Gefühle des *Glücks* reichen von der Entspanntheit über Zufriedenheit, Freude, Fröhlichkeit bis zur manischen Überdrehtheit. Gefühle der *Trauer* beinhalten Verletztsein, Einsamkeit, Hoffnungslosigkeit, Depression etc. *Wut* bedeutet Ärger, Rachegefühl, Beleidigtsein etc.

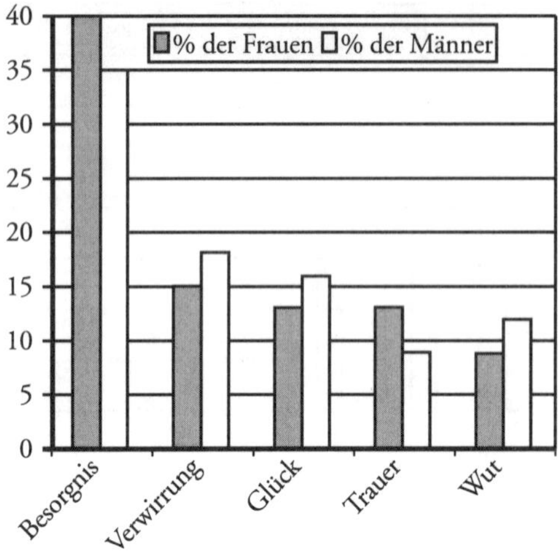

Statistik Traumemotionen

Das Vorherrschen der Gefühle der Besorgnis im Traum scheint mir sehr bedenkenswert. Leben wir in einer Kultur der Unsicherheit, in der Angst, Scham und Schuld unser Lebensgefühl prägen? Scham und Schuld sind eine Funktion des sozialen Gewissens. Sind tatsächlich die Gefühle der Besorgnis, was andere Leute über uns denken, ein so zentraler Inhalt? Es ist sehr interessant, daß Frauen mehr Gefühle der Besorgnis und der Trauer haben als Männer – dafür sind letztere glücklicher und wütender, aber auch unsicherer.
Die folgende Statistik der Traumpersonen zeigt, daß wir am häufigsten von *Bekannten*, d. h. von Freunden, Vorgesetzten, Kollegen etc. träumen. Gefolgt wird die Rangfolge von *Fremden*. Hall interpretiert die Kategorien der fremden Personen so, daß introvertierte Leute mehr von fremden Personen träumen, als solche, die eher extravertiert sind. Frauen träumen mehr von Bekannten und der Familie, Männer mehr von Fremden und Berufsleuten – dies scheint mir das klassische Rollenmuster zu spiegeln, bei dem die Frauen eher beziehungsbetont sind und sich um die Familie

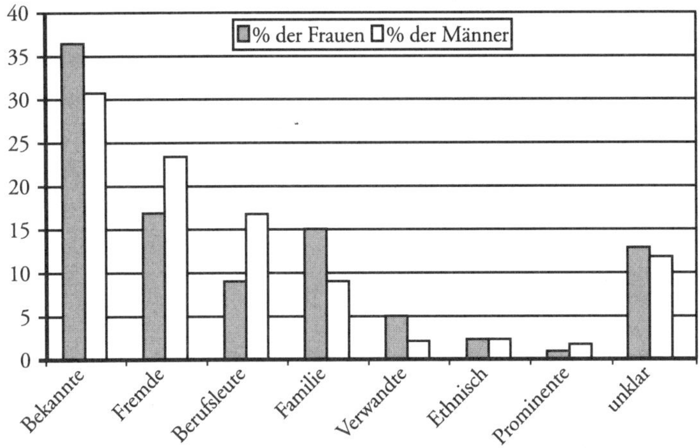

Statistik Traumpersonen

kümmern, die Männer eher sachbetont sind und ihr Zentrum im Berufsleben haben. Mit der Kategorie *Ethnisch* sind Menschen gemeint, die durch ihre Rasse oder ihre Nationalität charakterisiert werden, z. B. ein Italiener, ein Schwarzer, ein Deutscher etc. *Berufsleute* sind ebenfalls unbekannte Leute, die nur durch ihre Tätigkeit gekennzeichnet sind, wie z. B. die Verkäuferin, der Polizist, etc. Die *Prominenten* sind Leute, die wir nicht persönlich, sondern aus den Medien kennen.

Als letztes ist die Kategorie *unklar* zu erwähnen. Unter dieser Kategorie sind vor allem die Personen einzuordnen, die wir im Traum kennen, die uns im Wachleben jedoch unbekannt sind. Sie bilden eine stattliche Prozentzahl. Was bedeutet das? Gibt es eigenständige Kontakte, die nur in der Traumwelt existieren? Haben wir Freunde, die wir gelegentlich dort und nur dort treffen? Läßt dies darauf schließen, daß die Traumwelt eine eigene und unabhängige Existenz und Kontinuität hat, gleich unserer materiellen Welt? Das sind schwierige Fragen, die nicht leicht zu beantworten sind, aber ein interessantes Licht auf das Phänomen

Traum werfen. Dieselben Fragen kann man auch bei Traumorten stellen, die wir von Zeit zu Zeit besuchen und die wir daher kennen, die aber in unserem Wachleben nicht existieren und die wir im Wachleben noch nie besucht haben.

Traumarbeitsprogramm:

Dies ist ein Vorschlag, wie Sie mit den Träumen über längere Zeit stufenweise aufbauend arbeiten können. Falls Sie an einer intensiveren Traumarbeit interessiert sind, kann dieses Programm Stoff für Jahre bieten. Genauere Angaben zu den Programmpunkten finden Sie in den jeweiligen Kapiteln.

1. Steigerung der Traumerinnerung. Bleiben Sie solange bei diesem Punkt, bis Sie eine gewisse Sicherheit gewonnen haben, innerhalb von drei Tagen die Traumerinnerung von Null auf ca. ein bis zwei Träume pro Nacht steigern zu können. Auch sollten Sie in der Lage sein, bei Bedarf drei und mehr Träume pro Nacht zu erinnern. Sicherheit in diesem Punkt erlangen Sie, indem sie solche Versuche tabellarisch protokollieren und mehrere Male mit Erfolg durchgeführt haben. Führen sie ein Traumjournal.
2. Setzen Sie sich mit dem Stil, in dem Sie Träume notieren, auseinander. Gibt es Möglichkeiten, den Traum sprachlich besser zu beschreiben? Können noch mehr Einzelheiten wiedergegeben werden? Gibt es Schwierigkeiten, das komplexe Traumgeschehen in eine lineare Abfolge zu bringen? Wie können solche sinnvoll umschifft werden? Gibt es andere Möglichkeiten, Träume auszudrücken. Ist die mündliche Erzählung geeigneter als die Niederschrift. Versuchen Sie, die Träume zu zeichnen und zu malen. Eventuell gibt es auch noch andere gestalterische Möglichkeiten.

3. Arbeiten Sie über eine längere Zeit mit den Techniken der Traumobjektivierung und der Traum-Ich-Beobachtung, bis Sie Hinweise für häufig auftretende Themen, Figuren und Handlungsweisen haben, und vergleichen Sie diese mit ihrer alltäglichen Welt. Gibt es Übereinstimmungen, Akzentuierungen, Ergänzungen, Widersprüche? Verwenden Sie dazu die bisher aufgeschriebenen Träume und die laufend notierten, frischen Träume. Gibt es einen Unterschied zwischen »alten« und »neuen« Träumen?
4. Versuchen Sie, Ihre Träume nach Themen und/oder nach den Skalen von Calvin Hall zu kategorisieren. Berechnen Sie Prozentzahlen und erstellen Sie Ranglisten z. B.: Wieviel Mal in einem Jahr treten Ihre Eltern in Ihren Träumen auf; warum? Welche Personen oder Themen kommen in Ihren Träumen am meisten vor und warum? Wie häufig sind unangenehme Träume oder gar Alpträume etc.? Träumen Sie viel von der Arbeit, und wenn ja, wann – vielleicht in den Ferien? Die Prozentzahlen können sich im Laufe der Jahre verändern. Führen Sie also von Zeit zu Zeit solche Berechnungen durch und vergleichen Sie verschiedene Zeitperioden miteinander. Lesen Sie außerdem alle Träume zu einem Thema durch – gibt es da Variationen, Veränderungen oder gleichbleibende Muster?
5. Setzen Sie sich vermehrt mit der Metaphorik und Symbolik der Träume auseinander. Versuchen Sie, zu Träumen frei zu assoziieren und aufgrund der Assoziationen die Träume zu interpretieren. Sinnvolle Symbollexika können Ihnen dazu weitere Anregungen geben. Ich empfehle Ihnen, mit der Interpretation nicht zu früh anzufangen. Sie sollten sich zuerst in Ihren Träumen einigermaßen heimisch fühlen und ein gewisses Gespür für Ihre Träume entwickeln. Wenn Sie genügend mit den Programmpunkten 1-4 gearbeitet haben, sollte dies der Fall sein.

6. Arbeiten Sie über einen längeren Zeitraum mit imaginativen Techniken, zuerst mit der Symbolvertiefung, dann mit dem Zwiegespräch mit Traumgestalten und dem Wiedererleben von Träumen. Versuchen Sie, sich in diese Erlebnisse zu vertiefen. Im Gegensatz zu der rein intellektuellen Auseinandersetzung mit Träumen führen die imaginativen Techniken zu einem lebendigeren und ganzheitlicheren Erlebnis, das in seiner Qualität näher beim Traum angesiedelt ist als der reine Gedanke.
7. Erst wenn Sie mit all diesen Traumarbeitstechniken gearbeitet haben, würde ich Ihnen empfehlen, mit der Trauminkubation und insbesondere den luziden Traumtechniken zu beginnen. Die bewußte Auseinandersetzung mit Träumen dürfte Ihnen helfen, in den Träumen selbst bewußt zu werden. Gefordert werden vor allem das Traumerinnerungsvermögen und ein visuelles Vorstellungsvermögen. Es kann sein, daß die Inkubation von luziden Träumen einen gewissen Aufwand von Ihnen verlangt. Rechnen Sie mit einem Monat gezielter und regelmäßiger Arbeit. Verkrampfen Sie sich aber nicht dabei. Auch hier empfehle ich Ihnen, ein Protokoll, eventuell sogar in Tabellenform, zu führen.

   Überhaupt kann es sinnvoll sein, von Zeit zu Zeit das Thema Träume fallen zu lassen, um es zu einem späteren Zeitpunkt wieder aufzunehmen.

Anmerkungen:

[1] Eich, G.: Die schönsten Märchen aus 1001 Nacht, Frankfurt 1996
[2] Jung, C. G.: Die Transzendente Funktion, in: Ges. Werke Bd. 8, Olten 1976; Ammann, A.N.: Aktive Imagination, Olten 1978
[3] Jung, C. G.: Erinnerungen, Träume, Gedanken, Olten 1971
[4] Eliade, M.: Schamanismus und archaische Ekstasetechnik, Frankfurt 1979
[5] Norbu, N.: Traum-Yoga, Bern 1994
[6] Castaneda, C.: Die Kunst des Träumens, Frankfurt 1994
[7] http://www.mythwell.com/
[8] Jung, C. G.: Traumsymbole des Individuationsprozesses, in: Ges.Werke Bd. 12, Olten 1976
[9] Vaughan-Lee, L: Spirituelle Traumarbeit, Interlaken 1992
[10] Aserinsky, E./ Kleitman, N.: Regularly occuring periods of eye motility and concomitant phenomena during sleep, in Science Vol. 118, 1953
[11] Freud, S.: Die Traumdeutung, Frankfurt 1983
[12] Jung, C. G.: Vom Wesen der Träume, in: Traum und Traumdeutung, München 1990
[13] Kaplan-Williams, S.: Traum-Arbeit, München 1993
[14] Ebenda
[15] Leutz, G.: Das klassische Psychodrama nach J.L. Moreno, Berlin 1974
[16] Polster, E./Polster, M.: Gestalttherapie, München 1975
[17] Aeppli, E.: Der Traum und seine Deutung, Zürich 1943
[18] Herder Lexikon: Symbole, Freiburg im Breisgau 1978
[19] Vedfelt, O.: Dimensionen der Träume, Zürich 1997 Benedetti, G.: Botschaft der Träume, Göttingen 1998
[20] Jung, C. G: Die Transzendente Funktion, in: Ges. Werke Bd. 8, Olten 1976; Jaffé, A: C. G. Jung Bild und Wort; Olten 1983
[21] Siehe auch Kaplan-Williams, S.: Durch Traum-Arbeit zum eigenen Selbst, Interlaken 1983
[22] Siehe auch Faraday, A.: Deine Träume – Schlüssel zur Selbsterkenntnis, Frankfurt 1985
[23] Siehe auch Jung, C. G.: Die Transzendente Funktion, in: Ges. Werke Bd. 8, Olten 1976
[24] Eliade, M.: Schamanismus und archaische Ekstasetechnik, Frankfurt 1979

[25] Meier, C. A.: Der Traum als Medizin, Einsiedeln, 1985
[26] Roberts, J.: Die Natur der persönlichen Realität, Genf 1991; Roberts, J.: Die Natur der Psyche, Genf 1995
[27] Ebenda
[28] van Eeden, F.: A Study of Dreams, in Proceedings of the Society for Psychical Research, Vol. 26, 1913
[29] Freud, S.: Die Traumdeutung, Frankfurt 1983
[30] Jung, C. G.: Die Transzendente Funktion, in: Ges. Werke Bd. 8, Olten 1976
[31] Green, C.: Lucid Dreams, London 1968
[32] Castaneda, C.: Reise nach Ixtlan, Frankfurt 1976, und Castaneda, C.: Die Kunst des Träumens, Frankfurt 1994
[33] Tart, C. T.: Altered States of Conciousness, New York, 1969
[34] Faraday, A.: Die positive Kraft der Träume, Frankfurt 1975
[35] Garfield, P.: Kreativ Träumen, Schwarzenburg 1980
[36] LaBerge, S.: Hellwach im Traum, Paderborn 1987
[37] Tholey, P.: Haben Traumgestalten ein Bewußtsein? in: Gestalt Theory Vol. 7, 1985, sowie Tholey, P./Utecht, K.: Schöpferisch Träumen, Niedernhausen 1987
[38] Jung, C. G.: Ein kurzer Überblick über die Komplexlehre, in: Ges. Werke Bd. 2, Olten 1979
[39] Donahoe, J. J.: Die Kunst des Träumens, Basel 1980
[40] Siehe Dante Alleghieri.: Die göttliche Kommödie, Zürich 1963
[41] LaBerge, S./Philips, L./Levitan, L.: An hour of wakefulness before morning naps makes lucidity more likely. aus Night Light. Vol. 6, 1994
[42] Tholey, P./Utecht, K.: Schöpferisch Träumen, Niedernhausen 1987
[43] LaBerge, S./Rheingold, H.: Exploring the World of Lucid Dreaming. New York 1990
[44] LaBerge, S.: Prolonging lucid dreams, in Night Light Vol. 7, 1995
[45] Siehe auch: Roberts, J.: Gespräche mit Seth, Genf 1980
[46] Roberts, J.: Seth, Dreams and Projection of Conciousness, New York 1998; Watkins, S. M.: Conversations with Seth, Portsmouth NH 1999; Donahoe, J. J.: Die Kunst des Träumens, Basel 1980; Bach, R.: Brücke über die Zeit, Berlin 1998
[47] Domhoff, G. W.: Finding meaning in dreams: A quantitative approach, Plenum 1996

Literaturhinweise und Adressen:

Die nachfolgenden Literaturhinweise sind nicht vollständig, eignen sich aber als Ergänzung und Erweiterung der Kenntnisse über Träume. Weitere Hinweise finden Sie in den Anmerkungen.

Aeppli, Ernst: Der Traum und seine Deutung, Knaur TB, München 1998 (Traumsymbolik, Traumdeutung)

Faraday, Ann: Deine Träume-Schlüssel zur Selbsterkenntnis, Fischer TB, Frankfurt 1995 (Traumsymbolik, kreative Traumarbeit)

Herder Lexikon Symbole, Herder TB, Freiburg 1985 (Traumsymbolik)

Jung, Carl Gustav: Traum und Traumdeutung, dtv, München 1997 (Traumsymbolik, Traumtheorie)

Roberts, Jane: Gespräche mit Seth, Goldmann, München 1986 (Traum als Bestandteil der seelischen Wirklichkeit)

Roberts, Jane: Seth, Dreams and Projection of Consciousness, New Awareness Network, Manhasset 1997 (Theorie und Praxis des Träumens und des luziden Träumens)

Tholey, Paul/Utecht, Kaleb: Schöpferisch Träumen, Klotz, Eschborn 1997 (luzides Träumen)

Web-Sites:

http://www.mythwell.com/ Auf dieser Seite kann ein gutes elektronisches Traumjournal mit dem Namen Alchera (= Traumzeit) bezogen werden.

http://www.access.ch/private-users/cgassmann/traum.html Meine Web-Site kann als Startpunkt für Erkundungen zum Thema Traum im Internet benutzt werden. Sie hat einige Links zu anderen Sites, die sich mit dem Thema beschäftigen und wiederum weitere Links enthalten.

Adresse:

Falls Sie weitere Fragen zu Träumen haben, können Sie mich ab April 2000 auch unter folgender Adresse kontaktieren:

Christoph Gassmann
Einsiedlerstrasse 326
CH-8810 Horgen
cgassmann@access.ch

Felix Helg

Psychotherapie und Spiritualität

Östliche und westliche Wege zum Selbst
420 Seiten, Gebunden mit Schutzumschlag

Fragen nach dem Sinn unseres Daseins und nach unserer Identität sind Themen, die die Menschen schon seit Jahrtausenden beschäftigen. Philosophen, Gelehrte und schließlich ein Heer von Psychotherapeuten haben immer wieder versucht, auf unterschiedliche Art und Weise Orientierungshilfen zu geben – wie wir wissen, mit mäßigem Erfolg.
Detail- und kenntnisreich vermittelt dieses Buch einen Überblick über die wichtigsten Wege des Wachstums in Ost und West. Exemplarisch zeigt Helg anhand der Biographie des indischen Mystikers Shri Ramana Maharshi die Möglichkeiten auf, die die indische Spiritualität der westlichen Psychotherapie eröffnen kann. Anschaulich werden die unterschiedlichen Welt- und Menschenbilder, der unterschiedliche Umgang mit Gefühlen und Körperlichkeit sowie die Chancen einer gegenseitigen Beeinflussung dokumentiert. Gerade für eine Psychotherapie, die ihre Grenzen erkannt hat, eröffnet eine Psychologie der Spiritualität, wie sie hier erstmals skizziert wird, neue Perspektiven der Erkenntnis und des Helfens.

Walter Verlag

Euro 7,50